संस्मरणों का आलोक

संस्मरणों का आलोक

डॉ. कन्हैया सिंह

लोकभारती प्रकाशन

लोकभारती प्रकाशन
पहली मंजिल, दरबारी बिल्डिंग, महात्मा गाँधी मार्ग
प्रयागराज-211 001
वेबसाइट : www.lokbhartiprakashan.com
ईमेल : info@lokbhartiprakashan.com

शाखाएँ : 1-बी, नेताजी सुभाष मार्ग, दरियागंज
नयी दिल्ली-110 002
अशोक राजपथ, साइंस कॉलेज के सामने
पटना-800 006
36-ए, शेक्सपियर सरणी
कोलकाता-700 017

प्रथम संस्करण : 2020
पहली आवृत्ति : 2022

बी.के. ऑफसेट
नवीन शाहदरा, दिल्ली-110032
द्वारा मुद्रित

SANSMARNO KA ALOK
by Dr. Kanhaiya Singh

ISBN : 978-93-89742-72-5

मूल्य : ₹595

श्री कलराज मिश्र

प्रबुद्ध विद्वान, लेखक और राजनेता

सम्प्रति माननीय राज्यपाल, राजस्थान

को

सादर

अनुक्रम

प्राक्कथन 9

सन्त

अवधूत भगवान् राम एक दिव्य पुरुष 13
योगिराज देवरहवा बाबा 20
परमहंस स्वामी स्वतन्त्रानन्द 26

साहित्यकार

आचार्य रामचन्द्र शुक्ल : संघर्ष और सामर्थ्य 35
'हरिऔध' महान् भी सरल भी 44
निराला : सबसे निराला 50
राहुल की निराडम्बरी विराटता 58
आचार्य हजारीप्रसाद द्विवेदी 67
आचार्य चन्द्रबली पाण्डेय 79
लक्ष्मीनारायण मिश्र : कुछ स्मृतियाँ 89
विद्यानिवास मिश्र : काशी की पाण्डित्य—परम्परा 97
विवेकी राय : बन्धु, सखा और सन्त 106
हिन्दी के नामवर : अपनों पर निछावर 114

राजनेता और समाजसेवी

आचार्य कृपलानी और जयप्रकाश नारायण	125
पं. जवाहरलाल नेहरू	132
युग-पुरुष महन्त दिग्विजयनाथ	138
चौधरी चरणसिंह	144
लोकबन्धु राजनारायण	150
माधव राव सदाशिवराव गोलवलकर 'श्री गुरूजी'	155
पं. दीनदयाल उपाध्याय	164
प्रो. राजेन्द्र सिंह 'रज्जू भैया'	169
स्वतन्त्रता-संग्राम और पद्मनाथ सिंह	176

प्राक्कथन

संस्मरणों की यह माला तैयार होने के पीछे मेरे भातृज डॉ. तेजप्रताप सिंह (आत्मज डॉ. इन्द्र बहादुर सिंह) का आग्रह ही विशेष कारक रहा। मैंने समय-समय कुछ साहित्यकारों के संस्मरण लिखा जो साहित्य अमृत (दिल्ली), साक्षात्कार (भोपाल), मधुमती (उदयपुर) तथा शब्दिता (लखनऊ) आदि में प्रकाशित हुए। इस सम्बन्ध में बहुत से मेरे परिचितों ने बधाइयाँ दीं और इस क्रम को चालू रखने का आग्रह भी किया पर मैं कुछ अपने आलसी स्वभाव के कारण और कुछ आयु की अधिकता के कारण कुछ विशेष नहीं लिख पाया। पर डॉ. तेजप्रताप सिंह ने मुझसे कहा कि आपका सम्पर्क तो कुछ प्रसिद्ध सन्तों और राजनेताओं तथा राष्ट्रीय स्वयं सेवक संघ के उच्चाधिकारियों से भी रहा है तो क्यों नहीं ऐसे सभी लोगों के संस्मरण लिख डालें और उसे पुस्तकाकार प्रकाशित करायें। पत्रिकाओं में छपे संस्मरण अल्पकाल तक पठन और स्मृति में रहते हैं पर पुस्तक के रूप में आ जाने पर उनका प्रभाव और सन्देश पीढ़ी-दर-पीढ़ी को लाभान्वित करता रहता है। मुझे भी उनकी बात पसन्द आ गयी और इसे मेरे मुख से सुनकर लिपिबद्ध करने में मेरे शिष्य डॉ. राजेश सिंह ने समय निकाल कर जो तत्परता दिखायी, उसके फलस्वरूप यह पुस्तक सामने है।

वैसे तो साहित्य की सभी विधाओं का महत्त्व है पर उनमें प्रत्यक्ष अनुभूति के साथ ही कल्पना की उड़ान भी सम्मिलित होती है। इसके विपरीत संस्मरण में वास्तविक अनुभव और सत्यानुभूतियों का ही समुच्चय होता है। इसलिए यह विधा अधिक विश्वसनीय होने के कारण प्रेरणादायी

भी होती है। बहुत से प्रतिष्ठित संस्मरण लेखक कुर्सी उछालने और दाग ढूढ़कर अपने संस्मरणों को मसालेदार बनाते हैं। मैंने अपने इन संस्मरणों में इस प्रवृत्ति से बचने का प्रयास किया है। महापुरुषों और महान् साहित्यकारों के गुणों और प्रेरणादायी प्रसंगों की ही यहाँ चर्चा की गयी हैं :

जड़ चेतन गुणदोषमय विश्व कीन करतार।

संत हंस गुन गहहिं पव परिहरि वीरिविकार।।

संतों के इस आचरण को ही मैंने लेखन में अपनाया है।

मैं ऐसे बहुत से चोटी के साहित्यकारों और राजनेताओं के सम्पर्क में रहा हूँ पर उन पर मैंने नहीं लिखा जो अभी जीवित हैं। केवल दिवंगत महात्माओं, साहित्यकारों, राजपुरुषों और संगठनों पर ही अपने को केन्द्रित किया है। वैसे तो सभी संस्मरण ऐसे हैं जो मैंने स्वयं देखा, सुना और भोगा है। केवल पं. रामचन्द्र शुक्ल और पं. अयोध्या सिंह उपाध्याय के संस्मरण लोगों द्वारा सुने गये अथवा कहीं लिखे गए आलेख के आधार पर लिखे गये हैं।

अब उस परिस्थिति में जो भी पत्र-पुष्प रूप में सामग्री प्रस्तुत हो गयी है, वह संस्मरणीय जनों के प्रति एक श्रद्धांजलि के रूप में पाठकों के हाथों में समर्पित है। लोकभारती प्रकाशन (राजकमल प्रकाशन समूह) के स्वामी आमोद महेश्वरी तथा उसके निदेशक मा. रमेश ग्रोवर का इस सुघर प्रकाशन के लिए कृतज्ञ हूँ।

दिनांक 5.5.2018

डॉ. कन्हैया सिंह

सन्त

- अवधूत भगवान् राम एक दिव्य पुरुष
- योगिराज देवरहवा बाबा
- परमहंस स्वामी स्वतन्त्रानन्द

अवधूत भगवान् राम
एक दिव्य पुरुष

साधना और सिद्धि का एकत्र दर्शन अवधूत भगवान् राम में होता था। काशी के राजघाट पुल से उतरते ही आगे 'कुष्ठ सेवा आश्रम' का विशाल परिसर है। आस-पास तो जंगल है ही, आश्रम भी पहले जंगल ही रहा होगा। मेरे मित्र भाई कृष्णदत्त सिंह (के.डी.सिंह) उनके परम भक्त थे। उन्होंने मुझसे एक बार बताया कि वे पी.ए.सी. रामनगर (वाराणसी) में उप कमाण्डेण्ट के पद पर कार्यरत थे।

उन्हें टी.बी. का रोग हो गया—फेफड़े में कैबिटी बन गयी थी। अब वे घर पर ही विश्राम कर रहे थे—न ड्यूटी पर जाते न आश्रम पर। बाबा को पता चला कि के.डी. अस्वस्थ है, उसे टी.बी. हो गयी है तो वे पैदल ही अचानक उनके क्वार्टर पर पहुँचे। हाल-चाल पूछा और एक बोतल दवा दी जो महज एक टॉनिक था। कहा कि घबराओ नहीं—एक महीने सेवन करो। महीने बाद वे अपने डॉक्टर के पास गये और डॉक्टर ने नाड़ी और हृदय गति देखा। उसे सुधार मालूम हुआ तो एक्स-रे कराकर देखा और बताया कि तुम्हारी कैबिटी तो लगभग खत्म हो गयी है। कुछ दिन और दवा चलाओ। यह करिश्मा था। उन दिनों टी.बी. के मरीज को बचाना मुश्किल होता था। आज जैसी ओषधियाँ भी नहीं थीं। उन्होंने बताया कि टॉनिक तो एक बहाना था यह सब उनके आशीष से ही हो गया।

दूसरा संस्मरण उन्होंने सुनाया कि एक बार प्रधानमन्त्री मोरारजी भाई असम-यात्रा पर जा रहे थे। चन्द्रशेखर उस समय जनता पार्टी के अध्यक्ष

थे और बाबा के भक्त थे। उन्होंने मोरारजी से अवधूत बाबा जी का दर्शन करते हुए जाने का प्रस्ताव किया और वे उन्हें लेकर आश्रम पहुँचे। अन्य हाल-चाल के बाद चलते समय मोरारजी ने बताया कि मुझे बाबतपुर से प्लेन से असम दौरे पर जाना है। बाबा ने कहा कि आज वाराणसी में रुक जाइये, कल का कार्यक्रम बना लीजिये। मोरारजी ने कहा कि आज ही जाना आवश्यक है। बाबा ने कहा तब आप अतिशीघ्र वाराणसी से प्रस्थान करें। विमान उड़ा और असम में एक जगह उसमें खराबी आ गयी और वह लड़खड़ाते हुए एक खेत में गिर गया। मोरारजी भाई को खरोंच तक नहीं लगी। लोगों का मानना है कि बाबा के आशीर्वाद से ही बड़ी दुर्घटना बच गयी। अवधूत बाबा में एक विशेषता थी कि अपनी सिद्धियों को प्रकट नहीं करते थे। सहज ढंग से जो कह देते वह प्राय: हो ही जाता था।

जब के.डी. सिंह यह प्रसंग सुना रहे थे। उस समय मैं स्नातक निर्वाचन-क्षेत्र से चुनाव लड़ रहा था। इच्छा हुई कि बाबा का दर्शन करूँ, शायद सफलता मिल जाय। के.डी. सिंह के साथ पड़ाव गया।

ऊपर के कक्ष में सैकड़ों लोग दर्शनार्थ बैठे थे। बाबा आये और कुर्सी पर बैठे—हुक्का पीते हुए बात करते रहे। के.डी. सिंह ने मेरा परिचय कराते हुए कहा कि ये एम.एल.सी. का चुनाव लड़ रहे हैं। आपका आशीर्वाद लेने आये हैं। बाबा ने कहा "यही चुनाव तो राजनाथ सिंह (प्रिन्सिपल यू.पी. कॉलेज) भी न लड़ रहे हैं।" कुछ रुककर कहा और मोतीसिंह भी लड़ रहे हैं। एक ही कोई न चुनाव जीतेगा। बस बाबा ने आगे कुछ नहीं कहा। कार्यक्रम समाप्त हुआ तो बाबा के कोई भक्त थाल में प्रसाद लेकर आये। सबको प्रसाद मिला पर जब मेरी बारी आयी तो प्रसाद समाप्त हो गया था। मुझे न आशीर्वाद मिला न प्रसाद। मैंने उसी दिन अपनी हार मान ली।

इन प्रसंगों ने मुझे बाबा के बारे में जानने के लिए प्रेरित किया। भाई डॉ. इन्द्रबहादुर सिंह और उनके पुत्र डॉ. तेजप्रताप सिंह बराबर पड़ाव जाते रहे हैं। सम्भवत: राम बाबा के समय में भी जाते रहे हैं। उनसे जब मैं वहाँ के कार्यक्रमों के बारे में जानना चाहा तो उन्होंने श्री ब्रजभूषण

सिंह, एडवोकेट सिविल कोर्ट जौनपुर से सम्पर्क कराया और उन्होंने जो कुछ बताया, उसका सार-संक्षेप नीचे लिख रहा हूँ।

आदिदेव भगवान् शिव की परम्परा में कीनाराम और उसी कड़ी में शिव व श्री के सदृश कठोर साधना व तपस्या के बल पर परम ज्ञान की प्राप्ति करते हुए अपनी साधना से प्राप्त दिव्य शक्ति का प्रयोग राष्ट्र-कल्याण व जन-कल्याण के लिए करनेवाले भगवान् अवधूत राम को द्वैत-अद्वैत, आत्मा-परमात्मा से परे मन की चंचलता का परित्याग कर कबीर के "जिन्ह ढूँढ़ा तिन पाइयाँ" के सिद्धान्त का अनुसरण करनेवाला एवं तुलसीदास के "निर्मल मन जन जो मोहि भावा" वाला व्यक्ति ही पहचान सकता है। ऐसे व्यक्ति धरती पर बहुत ही कम संख्या में हैं। अवधूत भगवान् राम ने दीन-हीन, कोढ़ियों की सेवा करने का व्रत लेकर अवधूत भगवान् राम 'कुष्ठ सेवा आश्रम' पड़ाव वाराणसी की स्थापना कर रोगियों की सेवा व उपचार कर स्वस्थ बनाने का कार्य किया। गहन तपस्या के द्वारा अर्जित ज्ञान का सदुपयोग कर मानव-जीवन का उच्च कीर्तिमान स्थापित करने, कर्मपथ पर ईमानदारी से कार्य करने व सरल, मधुर पारिवारिक गृहस्थ जीवन जीने के लिए सत्चित सत्चरित्र का सिद्धान्त अपनाने पर बल दिया। मातृऋण, पितृऋण से बड़ा राष्ट्रऋण होने के सिद्धान्त को बताकर देवभक्ति, गुरुभक्ति, मातृपितृभक्ति के साथ राष्ट्रभक्ति का भी सन्देश दिया। बाबा कीनाराम के उपदेशों से ओत-प्रोत होकर, औघड़-अघोरेश्वर को समाज व जनहित के कार्यों से जोड़ने का महान् कार्य किया। औघड़ के प्रति जनता के भ्रम को दूर करते हुए शराब निषेध, जुआ निषेध, झूठी गवाही व गलत मुकदमा लड़ने की प्रवृत्ति से दूर रहने का सन्देश दिया। उक्त के साथ-साथ पति-पत्नी, माता-पिता, पुत्र-पुत्री के प्रति मानव-जीवन के कर्त्तव्यों के प्रति जागरूक करने, दहेज के लेने का प्रतिकार करने का सन्देश देकर मानव-जीवन को सार्थक बनाकर देशप्रेम बढ़ाकर आदर्श कायम करने की शिक्षा दिया एवं आश्रम से सम्बन्धित लोगों को भी सत् पथ पर चलने का सन्देश दिया।

श्री ब्रजभूषण सिंह एडवोकेट जौनपुर कहते हैं कि मैं भी भगवान् अवधूत राम का नाम सुनकर भ्रम में पड़ जाता था किन्तु प्रथम बार वर्ष 1988-89 में भगवान् अवधूत राम कुष्ठ आश्रम पड़ाव वाराणसी गया तो आश्रम के लोगों, वृक्षों, कुत्ते, बिल्ली, गाय, भैंस, पक्षियों एवं कुष्ठ रोगियों की सेवा दवा इलाज को देखकर तथा आश्रम के फूल-पत्तियों पट्टिकाओं पर लिखे आदर्श वाक्यों से ही मेरा भ्रम दूर हो गया। भगवान् अवधूत राम के दर्शन से अभिभूत होकर अन्तरात्मा की आवाज से भगवान् अवधूत राम को गुरु, देवता, ईश्वर व साक्षात् शिव मानते हुए उनके बताये रास्ते पर चलकर जनहित, सर्वधर्म समभाव की भावना से कार्य करने के लिए प्रयासरत हूँ। अपने कर्म में कितना सार्थक हो सकूँगा यह समाज व भगवान् अवधूत राम की कृपा पर निर्भर है।

उनके द्वारा स्थापित सर्वेश्वरी समूह संस्था सामाजिक सुधार के रचनात्मक कार्यों में संलग्न है। भगवान् राम के शिवलोक गमन के पश्चात् गुरुपद सम्भव राम जी उनके उत्तराधिकारी के रूप में उनके द्वारा स्थापित परम्पराओं को चला रहे हैं। आज स्थान-स्थान पर उनके शिष्य, प्रशिष्य इस दिशा में कार्यरत हैं। परम पूज्य अवधूत भगवान् राम द्वारा स्थापित अवधूत भगवान् राम कुष्ठ सेवा आश्रम पड़ाव वाराणसी में कुष्ठ रोगियों का नि:शुल्क उपचार कर अत्यधिक संख्या में रोग का निदान किया गया जिससे विश्वभर के सर्वाधिक कुष्ठ रोगी स्वस्थ होकर अपने घर गये और गृहस्थ जीवन यापन कर रहे हैं तथा कुछ स्वस्थ होकर आश्रम में ही सेवा दे रहे हैं। कुष्ठ रोगियों को स्वस्थ बनाने में विश्व भर में रिकार्ड बनाने के कारण गिनीज बुक ऑफ द वर्ल्ड रिकार्ड में नाम दर्ज हो गया है। सम्पूर्ण विश्व में सरकारी गैर सरकारी किसी अन्य अस्पतालों या संस्था में कुष्ठ रोगियों के स्वस्थ होने की संख्या नगण्य है।

उपर्युक्त के अतिरिक्त बिना दहेज विवाह के सम्बन्ध में भी श्री सर्वेश्वरी समूह अन्य संस्थाओं की अपेक्षा अत्यधिक अग्रसर होकर प्रोत्साहित व जागरूक कर उच्च सुविधाभोगी सम्पन्न परिवारों का भी

विवाह सादे समारोह व आश्रम पद्धति से कराते हुए अपना रिकार्ड बनाया है। वृक्षारोपण, अस्पतालों में पंखा व फल वितरण, नि:शुल्क नेत्र चिकित्सा-ऑपरेशन, चश्मा व अन्य सुविधाएँ उपलब्ध कराकर गरीब नि:सहायों की सेवा कर राष्ट्रीय जन भागीदारी में महत्त्वपूर्ण कार्य श्री सर्वेश्वरी समूह द्वारा किये जा रहे हैं। गम्भीर रूप से बीमार लोगों के लिए सस्ता आयुर्वेदिक उपचार भी उपलब्ध कराया जाता है। नर्सरी विद्यालय खोलकर अत्याधुनिक ज्ञान-विज्ञान के साथ संस्कारयुक्त सामाजिक, पारिवारिक, राष्ट्रीय भावना से युक्त शिक्षा प्रदान कर स्वावलम्बी जीवनयापन की शिक्षा भी प्रदान की जाती है। संस्कार, शिक्षा, स्वास्थ्य, पर्यावरण, राष्ट्रीयता से युक्त शिक्षा ग्रहण कर अपना नैतिक, चारित्रिक, सामाजिक जीवन उन्नयन करने में श्री सर्वेश्वरी समूह के विद्यालयों के छात्र सफल होकर श्री सर्वेश्वरी समूह के साथ-साथ राष्ट्रीय गौरव भी बढ़ा रहे हैं।

उपर्युक्त कार्यों हेतु उनके उन्नीस सूत्रीय कार्यक्रम हैं :

1. अपाहिजों, कुष्ठियों तथा अन्य दु:खी जनों के लिए आश्रम खोलकर या अन्य प्रकार से सेवा करना।

2. रोग व्याधि अथवा किसी विपत्ति से घिरे मनुष्य प्राणियों को दवा, भोजन तथा कपड़ा प्रदान कर यथायोग्य स्नेह, सेवा-शुश्रूषा करना।

3. प्राकृतिक अथवा दैवीय आपदाग्रस्त प्राणियों की औषधि, वस्त्र तथा भोजन से तत्काल सहायता करना।

4. विकलांगों के लिए प्रशिक्षण की समुचित व्यवस्था कर उन्हें स्वावलम्बी बनाने का हर सम्भव प्रयास करना।

5. वर्ष में कम-से-कम एक बार नेत्र शिविर का आयोजन करना। अनाथों, गरीबों को नि:शुल्क दवा, चश्मा आदि प्रदान करना तथा इसके लिए विशेष कोष स्थापित करना।

6. सभी धार्मिक स्थानों मन्दिर, मस्जिद, गिरजाघर, गुरुद्वारा आदि को स्थानीय शाखाओं द्वारा दो-तीन बार झाड़ू की अपूर्ति करना।

7. शाखा कार्यालयों के क्षेत्रों में स्थित किसी महात्मा के आश्रम तथा कुटिया पर समय से साग-सब्जी के बीज तथा झाड़ू पहुँचाना।

8. गर्मियों में स्थानीय अस्पतालों, धार्मिक व सार्वजनिक स्थानों पर मरीजों के लिए ताड़-पत्तों के पंखा पहुँचाना तथा उनके लिए अलग कोष की व्यवस्था करना।

9. पुराने वस्त्रों को एकत्रित कर एक कोष बनाना तथा विपत्ति से घिरे जरूरतमन्द लोगों को सुलभ कराकर तत्काल राहत पहुँचाना।

10. बच्चों के चरित्र निर्माण हेतु श्री सर्वेश्वरी समूह नर्सरी विद्यालयों अथवा वाटिकाओं की स्थापना करना।

11. प्रत्येक जिले में विवाह-मण्डपों की स्थापना करना तथा पूर्ण सादगी के साथ वैवाहिक सम्बन्ध कराने का प्रयास करना।

12. क्षेत्र में दैवीय या प्राकृतिक विपत्ति के समय वहाँ की जनता की सहायता हेतु तत्पर रहना तथा सेवा के निमित्त एक कोष रखना।

13. अनाथ बच्चे चाहे वे किसी धर्म, जाति या देश के क्यों न हों, उन्हें उपयुक्त प्रशिक्षण देने व स्वावलम्बी बनाने में पूरी सहायता, सहयोग करना।

14. प्रयाग में कुम्भ के अवसर पर साधुओं तथा अभ्यागतों के बीच भोजन, वस्त्र व ईंधन की आपूर्ति करना तथा शीतलहरी में स्थान-स्थान पर अलाव की व्यवस्था करना।

15 प्रत्येक दस हजार आबादीवाले स्थानों पर समूह नियुक्त करना तथा उसके माध्यम से अनाथ मृतकों के लिए कफन तथा दाहक्रिया में आवश्यक सहायता प्रदान करना।

16. हर जिले या तहसील में सस्ती चिकित्सा की व्यवस्था करना तथा व्याधिग्रस्त लोगों में कम खर्चीली दवा वितरित करना।

17. देश में किसी प्रकार का संकट उत्पन्न होने पर देशवासियों की सहायता के लिए एक कोष स्थापित करना तथा स्वयंसेवक दल के माध्यम से तत्काल सहायता पहुँचाना।

18. नव-जीवन अस्पतालों को खोलना तथा प्रसूति महिलाओं को संस्था की ओर से ओषधि-भोजन की व्यवस्था करना।

19. तूफान, भूकम्प और प्राकृतिक विपदा के समय तत्परता के साथ श्री सर्वेश्वरी समूह मिशन की ओर से नवयुवक सदस्यों द्वारा राहत कार्य करना। इनके साथ ही उन्होंने पर्यावरण सन्तुलन हेतु वृक्षारोपण के लिए भी अपने अनुयायियों को प्रेरित किया।

योगिराज देवरहवा बाबा

बाबा का आश्रम देवरिया जिले में स्वामी राघवदास के आश्रम बरहज से कुछ आगे 'मइल' नामक स्थान पर है। बाबा वहाँ कहाँ से आये। उनका जीवन और आयु तथा कुल-गोत्र आदि का जो भी विवरण सुना जाता था, वह प्रमाणित नहीं होता था। सन्त, भक्त, योगी उक्त परिचय को महत्त्व नहीं देते थे। सरयू के तट से कुछ हटकर एक मचान पर जो फूस से छाया हुआ था, उसी पर बाबा रहते और उसी से बाहर आकर दर्शन देते और यथावश्यक संवाद और आशीर्वाद देते थे। जब मैंने उन्हें 1959 ई. में देखा तो उनकी कमर झुक गयी थी तथा समय उनके बाल-दाढ़ी सभी पूरे सफेद हो गये थे। उनकी सिद्धियों की किंवदन्तियाँ खूब प्रचलित थीं और उनकी उम्र के सम्बन्ध में भी कहा जाता था कि वे सौ वर्ष से ऊपर के हैं और यह तब कहा जाता था जब उनके सब बाल काले थे। उससे तीस वर्ष के लगभग वे इस संसार में रहे। यह तो निश्चित है कि वे दीर्घायु रहकर गये। अत्यधिक जीवन रहा। सिद्धियाँ भी थीं पर उनके शिष्य उन्हें इतना बढ़ा-चढ़ा कर बताते थे कि वे अविश्वसनीय लगने लगती थीं।

बाबा योगी थे। उनकी योग-साधना, उनका प्राकृतिक जीवन, वन्यजातियों की तरह नग्न, अन्नहीन सामान्य फलाहार और शुद्ध सात्त्विक अन्त:करण के कारण उनका जीवन व्याधि और जरा को जीतता गया और उनकी वाणीं में ऐसी शक्ति संचरित कर दिया था कि वे जो कुछ भी कह देते थे वह सत्य हो जाता था। कुछ अपवाद

भी होता था। पहले वे कहाँ थे, कहाँ योग-साधना भी की, शायद कोई नहीं जानता पर 'मइल' में मचान पर ही बने प्रकोष्ठ में साधना और बाहर निकलकर दर्शनार्थियों को दर्शन, आशीष और प्रश्नों का समाधान कुछ घण्टे करना-यही दैनिक दिनचर्या थी। प्रात:काल ब्राह्म मुहूर्त्त से पूर्व करीब 3 बजे या कुछ ऐसे ही समय निकलकर लगभग एक कि.मी. दूर सरयू के तट पर जाते थे और कई घण्टे नदी में डूबकर जल-समाधि में रहते थे और वहाँ से दिन का उजाला होने पर चलकर मचान पर आते थे। यह विवरण तो सुना हुआ है पर एक प्रत्यक्ष अनुभव भी है।

वर्ष तो मुझे स्मरण नहीं है पर मैं अपने कुछ साथियों के साथ आजमगढ़ से गोरखपुर जा रहा था, दोहरीघाट से कोई दो मील पहले सरयू-तट के बाँध पर कई सौ आदमी खड़े थे। हमें उत्सुकता हुई कि क्या बात है? कार रोककर हम लोग बाँध पर गये। पता चला कि बाबा देवरहवा कार से मइल से प्रयाग जा रहे हैं और यहाँ रुककर जल में स्नान के लिए गये हैं। पर दूर-दूर तक उनका कहीं पता नहीं था। वहाँ के दर्शक जो प्रारम्भ से वहाँ थे, उन्होंने बताया कि बाबा ने उतरकर पानी में डुबकी लगायी और एक घण्टा से अधिक हो रहा है अभी ऊपर नहीं आये। उन्हीं के दर्शन हेतु हम यहाँ खड़े हैं। बाँध के नीचे कार खड़ी थी बाबा की सीट पर मृगछाला बिछा था। एक शिष्य और एक ड्राइवर वहाँ उपस्थित थे जो बाबा की प्रतीक्षा में थे। हम लोगों को आवश्यक कार्य से जाना था अत: वहाँ देर तक नहीं रुके।

1959 में बाबा का दर्शन हमें प्रयागराज में हुआ। यह अचानक और अप्रत्याशित था। वस्तुत: मैं उस समय प्रयाग विश्वविद्यालय में एल.एल-बी. फाइनल का छात्र था। लक्ष्मीनारायण मिश्र से मिलने गया था। किराये की साइकिल कटरा से लेकर गया था। मिश्र जी हिन्दी साहित्य सम्मेलन के निकट रामभवन चौराहे के पास रहते थे। वहाँ पता चला कि झूँसी के पास गंगा-तट पर आये हुए देवरहवा बाबा का

दर्शन करने गये हैं। मैंने भी सोचा चलो वहीं मिश्र जी से भी भेंट हो जायेगी और देवरहवा बाबा को भी देख लूँगा। गया और वहाँ पहुँच गया। मिश्र जी तो वहाँ नहीं थे। बाबा भी मचान के भीतर थे। पर मैंने अपनी साइकिल मचान से कुछ दूर खड़ी की और मचान की ओर जूता पहने जाने लगा, सोचा वहाँ जाकर बाबा को पुकार लूँगा। तब तक एक अन्य, उनका नाम अवध बिहारी था और रिटायर्ड डिप्टी एस.पी. थे, दौड़कर आये, कहा—जूता निकाल करके पास जाइये। मैंने उत्तर दिया कि मैं अब वापस जा रहा हूँ मुझे जल्दी है। शायद बाबा ने यह संवाद सुन लिया। उन्होंने कहा—अवध बिहारी इन भक्तों को आने दो। अब तो जूता निकाला और मंच के पास गया। पूछा-कहाँ से आये? मैं ने बताया मैं विश्वविद्यालय से आया हूँ। कैसे जाना कि मैं यहाँ आया हूँ? मैंने बताया पेपर में समाचार छपा था। तो फिर पूछा-फोटो भी छपा था? मैंने कहा-नहीं। फिर पूछा-कहाँ के रहनेवाले हो। मैं ने आजमगढ़ बताया तो कहा—चन्द्रबली ब्रह्मचारी को जानते हो। मैंने कहा—हाँ, बाबा चण्डेश्वर मन्दिर के समीप के ही गाँव में मेरा घर है। अब अवध बिहारी से कहा बाबा ने, इन भक्तों को कीर्त्तन में बैठाओ, कहो कीर्त्तन करें। मैंने कहा फँसे खूब पर अब कीर्त्तन में बैठना ही था। साधु अवज्ञा के डर से कोई आधे घण्टे कीर्त्तन में रहा। अब धैर्य टूटने लगा। मैंने अवध बिहारी से कहा—देर हो रही है। अब मैं जा रहा हूँ पर उन्होंने रोक लिया और कहा कि बाबा की आप पर बड़ी कृपा है। ऐसा वे प्राय: नहीं आदेश देते। जब वे कहेंगे तब जाना, फिर बैठ गया कीर्त्तन में।

कोई पाँच मिनट बाद बाबा ने अवध बिहारी से कहा कि उस भगत को भेजो। मैं गया तो बाबा ने कहा भगत, मचान के नीचे आ जाओ। मैं जल गिराऊँगा-पाँच बार उसे हाथ में लेकर संकल्प करो जो कुछ मन में कामना हो उसे स्मरण करो। मैं वह जल लेता गया। पाँच बार कामना की कि मैं एल-एल.बी. की परीक्षा में सर्वप्रथम स्थान पाऊँ। प्रथम वर्ष में मेरी पाँचवीं पोजीशन थी। फिर बाबा पाँच बार बोले 'ॐ नमो भगवते वासुदेवाय।' मैंने पाँच बार दुहराया। फिर मंच से बाहर आया तो बाबा

ने आदेश दिया भगत, जाओ। मैं चला आया और परीक्षा फल आया तो मैं सर्वप्रथम घोषित हुआ। यह तो सम्भव भी था कोई असम्भव बात नहीं थी। बाबा में इतना दृढ़ विश्वास कैसे आया कि जो कामना मैं करूँगा वह पूरी होगी।मेरे तार्किक मन में संकल्प-विकल्प के साथ यह अवश्य लगा कि सात्त्विक और सिद्ध सन्तों की वाणी में अवश्य बल आ जाता है।

दूसरी बार बाबा का दर्शन मुझे गंगा दशहरा के दिन गंगा में नौका विहार करते हुए हुआ। मुझे नहीं पता था कि बाबा जी आये हैं और नदी में विहार कर रहे हैं कि अचानक मेरी नाव जब बाबा की नाव के कुछ ही दूर पहुँची तो माँझी ने बताया—वे देवरहवा बाबा हैं। मैंने अपनी नाव पर से ही हाथ जोड़कर उन्हें प्रणाम किया तो उन्होंने कोई आधे दर्जन केले का गुच्छा मेरी ओर फेंका और मेरे हाथ में वह आ गया। इसे भी मैंने बाबा का आशीर्वाद ही माना।

मैं मांसभक्षी था। बचपन से पचीस की आयु तक शुद्ध शाकाहारी पर छात्रावास के साथियों के आग्रह पर यह लत पड़ी। पर कई बार छोड़ा, कई बार खाया। एक बार डॉ. भगवती प्रसाद सिंह के यहाँ प्रसंग आया तो उन्होंने बताया पहले मैं भी मांसभक्षी था। एक बार बाबा का दर्शन करने गया था। एक भक्त ने उनके यहाँ घेरे के बाहर से मचान तक आने की इच्छा व्यक्त की तो बाबा ने कहा-आओ भगत। पर चौपायों की तरह हाथ भी भूमि पर रखकर घुटने के बल जाओ। उसके जाने के बाद बाबा ने कहा कि भगवती भगत जानते हो क्यों उसे ऐसा आने को कहा। अरे यह मांस खाता है। यह पशु प्रकृति है अत: उसे मैंने पशु की तरह आने को कहा। भगवती प्रसाद सिंह को लगा कि यह प्रकरण उनको सुधारने के लिए उपस्थित हुआ और उन्होंने मांसाहार का पूर्ण त्याग कर दिया। इस प्रसंग को सुनकर मुझे भी लगा कि मैं अच्छे सन्तों के यहाँ जाता हूँ और यह पशु प्रकृति लेकर तो कोई 1981 की यह बात है, मैंने भी संकल्प लिया शाकाहार का और आज चौंतीस वर्षों से बाबा के इस परोक्ष संवाद के प्रभाव से मैं इस व्रत का पालन करने में सफल हो गया।

1982 ई. की बात है। मैं डॉ. देवर्षि सनाढ्य के साथ चौरी-चौरा के महाविद्यालय में हिन्दी प्रवक्ता के चयन में विशेषज्ञ होकर गया था। सनाढ्यजी बाबा के भक्त थे। चयन-पूर्व ही उन्होंने बाबा के दर्शन की योजना बना दी। हम लोग कार से गये। बाबा के मचान से पचीस-तीस गज दूर बाड़ लगी थी। लोग वहीं से दर्शन करते, अपना दुखड़ा सुनाते और आशीर्वाद लेते थे। हम लोगों को बाबा ने मंच के निकट कम्बल बिछवाकर बुला लिया। अब दूर-दूर से आये दर्शनार्थी अपनी बात कहते और बाबा आशीष देते। एक ने कहा—बाबा दिल का दौरा पड़ता है, बाबा ने कहा—भगत करेले का चोखा खाया करो, ठीक हो जायेगा, जाओ। ऐसे बात निपटाते गये। प्रसाद तो वे मंच से फेंकते थे और प्राय: कुछ-न-कुछ सबको मिल जाता था।

अन्तत: जब वह प्रकरण समाप्त हुआ तो बाबा ने हम लोगों का बताया-भगत! लोग आते हैं कोई बीमारी लेकर, कोई भूत-प्रेत बाधा लेकर। मैं न बैद डॉक्टर हूँ और न ओझा तान्त्रिक हूँ। पर सबके सन्तोष के लिए कुछ आशीष तो देना ही पड़ता है। यह बाबा की स्पष्टवादिता थी। हम लोगों को तो प्रसाद कुछ अधिक ही फल मिष्टान्न का कागज में बाँधकर मिला था। चलने लगे तो एक युवा दम्पती मोतीहारी बिहार से आये थे। उन्हें प्रसाद भी नहीं मिला। पत्नी बहुत स्वस्थ पर सन्तान नहीं। कुछ हिस्टीरियाग्रस्त थी। पति ने कहा कि हमें प्रसाद नहीं मिला, आप लोग प्रसाद हमें भी दे दें। सनाढ्यजी ने उसे टरका दिया। कहा—वहाँ से जाकर प्रसाद माँग लो। मैंने अपना पूरा प्रसाद उन्हें दे दिया। पता नहीं बाबा के दर्शन से उन्हें सन्तान मिली या नहीं।

बाबा का अन्तिम दर्शन मुझे वृन्दावन में वृन्दावन नगर से यमुना नदी के दूसरे सुनसान मइल जैसे स्थान पर मिला, जब बाबा वहाँ रहने लगे और बाबा ने परिचय पूछा क्योंकि बड़े लम्बे अन्तराल के बाद मैं उनके सम्मुख उपस्थित हुआ था। अब मइल वे छोड़ चुके थे। वहाँ लोगों ने पर्याप्त भूमि माफी में उनके आश्रम को दे दी थी। वहाँ पक्की कोठी उनके भक्तों की थी। सच्चे सन्तों का भी यह दुर्भाग्य

ही कहा जाता है कि मौज-मस्ती और धनार्जन करनेवाले शिष्य उनके हो जाते हैं। शायद भूमि की स्पर्द्धा में मइल में एक हत्या हो गयी थी। इससे दु:खी होकर बाबा ने मइल छोड़ दिया। सरयू-तट छोड़कर वे यमुना के तट पर आ गये। इधर ही शायद कभी दुर्वासा ऋषि भी निवास करते थे। इसी प्रकार प्रदभुत्त ब्रह्मचारी के झूँसी स्थित संकीर्त्तन भवन में सम्पत्ति का विवाद जब शिष्यों में होने लगा तो वे भी झूँसी छोड़कर वृन्दावन आ गये थे। ऐसे सन्त विरले ही होते हैं। योगिराज देवरहवा बाबा स्मृतिशेष हैं पर उनकी प्रेरणा से उनके अनेक शिष्य सन्मार्ग पर अग्रसर हैं।

परमहंस स्वामी स्वतन्त्रानन्द

स्वामी स्वतन्त्रानन्द जी गोरखपुर के बाँसगाँव तहसील के गजहड़ा ग्राम के क्षत्रिय थे। इण्टरमीडिएट तक पढ़ करके वे खलीलाबाद (जनपद सन्तकबीरनगर) में गन्ना मिल में सुपरवाइजर के पद पर नियुक्त हुए थे। वहीं के एक श्रीकृष्ण जी के मन्दिर में कीर्त्तन का आयोजन था। वहाँ स्वामी जी (तब सुखारी शाही) भी गये और कीर्त्तन में ऐसी तन्मयता हुई कि वे सभी लोगों के चले जाने के पश्चात् श्रीकृष्ण की मूर्ति को अपने सीने से लगाकर सो गये। प्रात: लोगों ने उन्हें जगाया और मूर्ति को यथास्थान रखा। उसी समय से उनका मन सांसारिक जंजालों से उपराम-सा रहने लगा और एक दिन वे बिना किसी को बताये, वहाँ से चल पड़े और हिमालय की ओर चले गये। कई वर्षों के अज्ञातवास के बाद वे संन्यासी के रूप में आये और अपने घर से तथा गाँव से भिक्षाटन किया और गाँव के बाहर किसी वृक्ष की छाया में आसन लगाया और कीर्त्तन-भजन, प्रवचन कुछ दिनों तक चला। गाँव-गाँव भ्रमण करते रहे। कर-तल भोजन, तरु तर वास, के संन्यास मार्ग को निभाते हुए वे गाँव-गाँव अध्यात्म का अलख जगाते गये।

स्वामी जी विवाहित थे। उनके एक पुत्र और एक पुत्री भी थी। पत्नी भी बहुत काल तक जीवित रहीं, पर संन्यासोत्तर पत्नी-पुत्र आदि भी अन्य भक्तों की तरह दर्शन को आते और चले जाते थे। ऐसा अनासक्त और पवित्र जीवन दुर्लभ ही होता है। स्वामी जी ने कहाँ साधना की—कहाँ शास्त्रों का अध्ययन-अनुशीलन किया, यह कोई नहीं जानता। पर इधर आने पर उपनिषदों के साथ गीता पर उनके अगाध ज्ञान, वैदिक

संहिताओं, नारदभक्ति सूत्र आदि का ज्ञान ही नहीं उन्हें उनका आत्मबोध प्राप्त था। उन्होंने गीता पर तत्त्वदर्शिनी टीका लिखी। नारदभक्ति सूत्र पर प्रेमदर्शिनी टीका एवं भक्तियोग, ज्ञानयोग, कर्मयोग जैसे ग्रन्थों का प्रणयन किया। इन ग्रन्थों में आर्ष ग्रन्थों के इतने उद्धरण हैं कि आश्चर्य होता है कि संस्कृत के विद्यालयीय अध्ययन से शून्य व्यक्ति ऐसे ग्रन्थों का प्रणयन करने में कैसे समर्थ हुआ। स्वामी करपात्री से लेकर संस्कृत के अच्छे प्रोफेसर और राष्ट्रपति से पुरस्कृत संस्कृत के परमाचार्यों ने इनके ग्रन्थों की प्रशंसा ही नहीं की अपितु इनके प्रवचनों में सम्मिलित भी होते थे।

स्वामी जी की विशेषता उनके ज्ञान में नहीं, उनके आत्मस्वरूप में लिप्त सर्वत्यागी अपरिग्रही, अलिप्त और दिव्यदृष्टि सम्पन्न महात्मा के नाते है। जो भी उनके सम्पर्क में आया, उनसे प्रभावित हुआ। डॉ. दयानाथ त्रिपाठी गोरखपुर विश्वविद्यालय के प्राचीन इतिहास विभाग के अध्यक्ष थे। बाद में वे विदेश भी गये और शिमला में किसी संस्थान में निदेशक या ऐसे ही किसी पद पर थे। वे स्वामी जी के सम्पर्क में आये थे। एक बार संयोगवश वाराणसी जाते समय एक चाय की दूकान पर उनसे भेंट हो गयी। उन्होंने स्वामी जी के बारे में पूछा। मैंने उन्हें बताया कि अब वे सरयू-तट पर बड़हलगंज के निकट कोडारी में रहते हैं। उन्होंने सहज ही कहा कि मैं तो भारत के सभी प्रसिद्ध सन्तों से मिला हूँ पर मुझे स्वामी जी जैसा सिद्ध सन्त कोई नहीं मिला। आजमगढ़ में बेलनाडीह में पन्द्रह दिवसीय प्रवास पर स्वामी जी आये थे। शाम को 5 से 6 बजे तक उनका प्रवचन होता था। सिधारी पर एक घोर मार्क्सवादी एडवोकेट केदार सिंह 'काका' रहते थे। उनसे हम लोगों ने आग्रह किया कि आप कभी स्वामी जी का प्रवचन सुनने चलिये। एक दिन आने का वादा करके उस दिन पहुँचे। स्वामी जी प्रवचन में कभी प्रभु के निरंकार स्वरूप का निरूपण करते हँसने लगते, कभी रोने लगते थे। ये दोनों की दशाएँ उनमें स्वाभाविक ढंग से प्रसंग आने पर आ जाती थीं। केदार सिंह अब नित्य आने लगे। 4-5 दिन बाद प्रवचन के पश्चात् स्वामी जी की कुटिया में सभी बैठकर बातें करते थे। केदार सिंह ने उनसे

पूछा कि आपको प्रवचन में क्या मिल जाता है कि आप कभी उन्मुक्त भाव से हँसने और कभी अश्रुपात करते रोने लगते हैं। क्या वह वस्तु हमें भी मिल सकती है। स्वामी जी ने कहा अवश्य मिल सकती है पर अभ्यास और साधना से वह वस्तु मिल सकती है। पहले आप गीता का मनोयोगपूर्वक अध्ययन करें और कुछ समय ध्यान लगाकर 'ॐ' में। आप अपने को केन्द्रित करें तो धीरे-धीरे आप में भी परिवर्तन आ जायेगा। अब वे एक घण्टे गीता रामायण पाठ आसन लगाकर करने लगे। कुछ देर ध्यान भी लगाते। यह कृत्य उनका जीवन के अन्त तक चलता रहा।

स्वामी जी को साधना से कुछ सिद्धियाँ प्राप्त थीं, पर वे कभी उसे प्रकट नहीं करते थे। वे सहज भाव से कुछ कह देते तो वह होकर ही रहता था। एक बार वे गाजीपुर में नन्दगंज से पहले कुछ दूर सड़क से आगे जाने पर देवचन्दपुर गाँव गंगा-तट पर गये थे। वहाँ एक जंगल में एक बड़ी सुन्दर कुटी किसी राजा ने बनवायी थी। वहीं एक माह के प्रवास पर स्वामी जी थे। एक दिन मैं वाराणसी गया था—वहाँ से लौटने का प्रोग्राम था। एक मित्र से मिलने गया। वे स्वामी जी को जानते थे, उन्होंने पूछा कि इस समय स्वामी जी कहाँ हैं। मैंने बताया यहाँ से निकट ही गाजीपुर जिले में देवचन्दपुर में हैं। उन्होंने कहा कि आज रविवार है, चलिये स्वामी जी का दर्शन कर आयें। मैं तैयार हो गया और हम लोग कोई दो बजे दिन में वहाँ पहुँचे। स्वामी जी कुटी में विश्राम कर रहे थे। बाहर भक्तगण स्वामी जी की भिक्षा होने के पश्चात् भोजन कर रहे थे। तब तक हम लोग पहुँच गये। उन लोगों ने कहा—आइये पहले भोजन कर लीजिये और यह भी कहा कि स्वामी जी तो 11 बजे भिक्षा ग्रहण करते हैं पर आज कह रहे थे कि थोड़ा रुककर भिक्षा हो शायद कन्हैया सिंह आ रहे हैं। आज रविवार भी है। और एक घण्टे बाद 12 बजे भिक्षा लेकर विश्राम में जाने के पहले कहते गये कि भोजन कुछ बचाकर रखना शायद आ ही जायँ। अत: आपके लिए भोजन रखा है। हमने प्रसाद लिया। हमें आश्चर्य का ठिकाना नहीं था कि सूचना न सन्देश, न कभी देवचन्दपुर जाने की चर्चा यह पूर्वाभास आज तक चकित करनेवाला है।

वैसे तो अनेक ऐसे प्रसंग मेरे संज्ञान में हैं जो उनकी दिव्य दृष्टि के परिचायक हैं। पर मैं केवल एक-दो प्रसंगों की चर्चा करूँगा। तमलपुरा मुहम्मदाबाद गाजीपुर में उनके शिष्य आत्मानन्द ने एक आश्रम बनवाया था। वहीं एक बड़े यज्ञ का आयोजन था। स्वामी स्वतन्त्रानन्द जी वहाँ कभी नहीं गये थे। उनके बारे में प्रचार किया गया था कि वे त्रिकालदर्शी सिद्ध सन्त हैं। वहाँ प्रथम दिवस ही एक राय साहब जो बिहार में सी.बी.आई. इन्स्पेक्टर थे, उनसे मिलने आये। उन्होंने बताया कि मेरी कुण्डली में मेरी आयु एक वर्ष ही बची है। काशी के कई पण्डितों ने बताया है। स्वामी जी ने कहा कि मरना तो मुझे भी है, जो जन्मता है, मरता है। अब मैं इसमें क्या कर सकता हूँ। वे रोने लगे तो स्वामी जी ने कहा कि पण्डितों से पूछकर महामृत्युञ्जय यज्ञ कराइये। उन्होंने कहा कि वह भी कर चुका हूँ पर ज्योतिषी अपनी बात अकाट्य बता रहे हैं। स्वामी जी ने कहा देखिये यज्ञ की नित्य एक सौ साठ चक्कर परिक्रमा करें, यज्ञ भगवान् की कृपा हो जायेगी तो कुछ आपका भला हो जायेगा। वे ऐसा करते रहे और रोज टोकरों में फल लाते, जो सभी आगन्तुकों को प्रसाद रूप में बाँटा जाता रहा। यज्ञ समाप्त होने पर स्वामी जी की झोंपड़ी में आये और आर्त्त होकर रोने लगे कि स्वामी जी अब मैं आज ही जा रहा हूँ, क्या आदेश है। स्वामी जी ने कहा आत्मा अजर-अमर है वह मरता नहीं। आप भी अजर-अमर हैं। मरने का भय त्यागकर कार्य करें, अजर-अमर को मृत्यु का क्या भय। उन्होंने स्वामी जी का आशीर्वाद समझकर इसे ग्रहण किया। यज्ञ तो हुए बीसों वर्ष से अधिक हुआ वे आज भी जीवित हैं। ये सारी बातें वहाँ के शेषनाथ राय एडवोकेट के संज्ञान में हैं।

एक घटना मटवली बाजार (बाँसगाँव) गोरखपुर की है। वहाँ उनके सान्निध्य में एक यज्ञ का आयोजन हुआ था। यहाँ का क्षेत्र यज्ञ की अपेक्षा कुम्भ (प्रयाग) में कल्पवास और स्नान की अधिक मान्यता देता है। अत: यज्ञ के प्रति उत्साह कम था। यद्यपि स्वामी जी विश्वास में थे कि यज्ञ में स्वयं भगवान् का अनुग्रह होता है—सब होगा, कोई कमी नहीं होगी। हुआ भी ऐसा ही। यज्ञ के प्रथम दो दिन देव प्रतिष्ठा

और पूजन होता है। और तीसरे दिन अग्नि प्रतिष्ठा के साथ आहुति प्रारम्भ होती है। मैंने स्वामी जी से पूछा कि क्या दूसरे दिन अग्नि प्रतिष्ठा नहीं हो सकती? उन्होंने कहा कि यज्ञाचार्य जी से पूछ लो वे कहें तो हो सकती है। मैंने यज्ञाचार्य जी से परामर्श किया तो उन्होंने मुहूर्त्त देखकर बताया कि मुहूर्त्त अच्छा मिल रहा है। दूसरे दिन ही अग्नि प्रतिष्ठा होगी। दूसरे दिन इधर अग्निदेव आवाहन और अरणि मन्थन प्रारम्भ हुआ और इधर स्वामी जी की पर्णकुटी में एक विद्वान् ब्राह्मण ने जाकर उनसे कहा कि अग्नि प्रतिष्ठा तीसरे दिन होती है। यह कार्य जो दूसरे दिन हो रहा है, नियम विरुद्ध है। स्वामी ने सन्देश भेजा कि आज यह कार्यक्रम बन्द करके कल किया जाय। मैंने कहा कि यज्ञाचार्य जी आप कार्यक्रम जारी रखें-मैंने स्वामी जी से पूछकर ही यह सन्देश आपको दिया था। एक घण्टे से अधिक अरणि मन्थन चलता रहा पर अग्नि प्रज्वलित होने का नाम ही नहीं ले रही थी। इसी बीच रामायणी छोटे लाल जी स्वामी जी के पास गये और कहा स्वामी जी, आपने मेरे सामने ही प्राचार्य जी को कहा था कि यज्ञाचार्य जी कहें तो दूसरे दिन भी यह कार्य हो सकता है। स्वामी को भी बात स्मरण आ गयी। उन्होंने हँसकर कहा तो कार्यक्रम चलने दें। यह समाचार लेकर भक्तगण जैसे ही कुटी से निकले उन्हें अग्नि देव की जय की गूँज सुनायी दी। उधर स्वामी जी का आदेश और इधर अरणी में अग्नि का प्रकटीकरण एक साथ हुआ। ऐसी शक्ति उन महात्मा में थी।

वेदान्त की वार्ता ही वे नहीं करते थे स्वयं जगन्मिथा का बोध उनमें था और वैसा जीवन के प्रति निस्पृह आचरण। उनकी जीभ पर कुछ फुन्सियाँ निकलकर पकने लगीं। उनके भक्त डॉ. एच.एन. सिंह गोरखपुर मेडिकल कॉलेज के प्रतिष्ठित चिकित्सक थे। वे कार से स्वामी जी को ले गये और जाँच से पता चला कि यह जीभ का कैन्सर है—इसे लिकोप्लैकिया कहते हैं। कुछ दिन दवा खाने के बाद उन्होंने मुझसे कहा कि अंग्रेज़ी दवा पर मेरा विश्वास नहीं है। किसी होम्योपैथ को दिखाया जाय। गोरखपुर के डॉ. सोहनलाल से मैंने सम्पर्क किया। उन्होंने आदरपूर्वक अपने घर पर ही स्वामी जी को देखा और दवा दी। दो-तीन महीने बाद स्वामी जी ने वह दवा भी छोड़ दी। कहा कि गोलाबाजार में

मेरा एक भक्त वैद्य है। उसे बुलाकर उसकी दवा करूँगा। कुछ दिन बाद उसे भी छोड़ दिया। अब उन्होंने एक वैद्य की पुस्तक मँगायी उसमें पढ़कर इन्द्रजव आदि कुछ चीजों का चूर्ण बनाकर जीभ पर सुबह-शाम लेपन कराते थे और दो-तीन माह में उन्हें उस रोग से मुक्ति मिल गयी। उसके बाद स्वामी जी दस वर्ष से अधिक जीवित रहे, वह रोग उन्हें नहीं हुआ।

ऐसे विरक्त, जीवधर्म पर विजय प्राप्त परमहंस दुर्लभ हैं। वृन्दावन के उड़िया आश्रम के प्रतिष्ठित सन्त स्वामी सनातन देव (मुनिराम के नाम से कल्याण के पूर्व सम्पादक) ने मुझे एक पत्र में लिखा था। स्वामी जी ज्ञान, भक्ति और कर्म तीनों को हस्तामलक किये थे। ऐसे सन्त आज दुर्लभ हैं। उनके शिष्य स्वामी आत्मानन्द जी उनके समय के आश्रय पर उस ज्योति को प्रज्वलित किये हैं। उनके पश्चात् इस परम्परा को कौन चलायेगा, यह एक बड़ा प्रश्न उनके भक्तों में आन्दोलित रहता है।

साहित्यकार

- आचार्य रामचन्द्र शुक्ल : संघर्ष और सामर्थ्य
- ‘हरिऔध’ : महान् भी सरल भी
- निराला : सबसे निराला
- राहुल की निराडम्बरी विराटता
- आचार्य हजारीप्रसाद द्विवेदी
- आचार्य चन्द्रबली पाण्डेय
- लक्ष्मीनारायण मिश्र : कुछ स्मृतियाँ
- विद्यानिवास मिश्र : काशी की पाण्डित्य–परम्परा
- विवेकी राय : बन्धु, सखा और सन्त
- हिन्दी के नामवर : अपनों पर निछावर

आचार्य रामचन्द्र शुक्ल : संघर्ष और सामर्थ्य

आचार्य रामचन्द्र शुक्ल हिन्दी ही नहीं, वरन् समस्त भारतीय भाषाओं में इस युग के शीर्ष आलोचक हैं। इण्टर फेल शुक्ल जी मिर्ज़ापुर में लन्दन मिशन स्कूल में ड्राइंग-टीचर थे। ड्राइंग भी ऐसी साफ बनाते थे कि कलक्टर ने मिर्ज़ापुर का उनका बनाया मानचित्र देख, प्रसन्नता से उन्हें नायब तहसीलदार बना दिया। पर सरकारी नौकरी पसन्द नहीं थी, अस्तु! चौधरी बदरीनारायण 'प्रेमघन' मिर्ज़ापुर में ही रहते थे। उन्होंने शुक्ल जी की प्रतिभा को पहचाना और अपनी प्रसिद्ध साहित्यिक पत्रिका के सम्पादन में लगाया। तभी से उनके लेखन की सुरभि दूर-दूर पहुँचने लगी और उस समय के हिन्दी के महान् हितचिन्तक और संगठक बाबू श्यामसुन्दर दास की दृष्टि उन पर पड़ी। उन्होंने 'हिन्दी शब्द सागर' के सम्पादक-मण्डल में उन्हें रखकर वाराणसी बुला लिया। महामना पं. मदनमोहन मालवीय ने इन्हें काशी हिन्दू विश्वविद्यालय में शिक्षक नियुक्त किया और वहीं बाद में डॉ. श्यामसुन्दर दास हिन्दी विभाग के अध्यक्ष बने।

पाँच खण्ड में तैयार होनेवाले शब्दकोष 'हिन्दी शब्द सागर' के केन्द्रीय व्यक्ति शुक्ल जी थे। स्वयं बाबू साहब ने लिखा कि 'शब्द सागर को शुक्ल जी ने बनाया और शुक्ल जी को शब्द सागर ने बनाया।' पर इसी कोश की भूमिका को लिखने का भार जब शुक्ल जी को दिया गया तो उन्होंने शर्त रख दी कि वे यह भूमिका तभी लिखेंगे, जब अन्त में उसमें उनका नाम दिया जाय। यह भूमिका हिन्दी भाषा और साहित्य के इतिहास के रूप में थी। बाबू साहब चाहते थे कि भूमिका

बिना नाम के जाय, पर शुक्ल जी का दृढ़ निश्चय देखकर उन्हें मानना पड़ा। यह भूमिका अलग से शुक्ल जी के प्रसिद्ध 'हिन्दी साहित्य के इतिहास' के रूप में छपी और शुक्ल जी की प्रतिभा का प्रमाण बनी तथा उनके आचार्यत्व की साक्षी भी। ऐसी अमूल्य रचना को वे अपने हाथ से निकल जाने नहीं देना चाहते थे। उनके साथ कार्यरत रामनारायण त्रिपाठी आदि ने उन्हें नाम छपाने को प्रेरित किया था, अन्यथा शुक्ल जी का यह 'हिन्दी साहित्य का इतिहास' बाबू साहब का हो जाता।

इस बात का बड़ा मलाल बाबू साहब को रहा और कई प्रकार से इससे शुक्ल जी को आर्थिक हानि का उपक्रम भी उनके द्वारा हुआ। आगरा विश्वविद्यालय उस समय राजस्थान, मध्यभारत, उत्तर प्रदेश का एकमात्र सम्बद्धीय विश्वविद्यालय था और वहाँ जो पुस्तकें पाठ्यक्रम में लग जाती थीं, उनकी कई हज़ार प्रतियाँ प्रतिवर्ष बिक जाती थीं। अत: कोई भी लेखक चाहता कि उसकी पुस्तकें वहाँ लग जायें। आचार्य शुक्ल की पुस्तक 'तुलसीदास' वहाँ लगी हुई थी। उसका प्रकाशन नागरी प्रचारिणी सभा ने किया था। 'हिन्दी शब्द सागर' की भूमिका के प्रश्न पर जो नाराजगी बाबू साहब की थी, वह इस प्रसंग पर उभरकर सामने आ गयी। उन्होंने सर्वप्रथम तो यह प्रयास किया कि नागरी प्रचारिणी सभा उसका नया संस्करण न छापे और इसे वह प्रचारित करे कि अब उक्त पुस्तक नहीं छप रही है ताकि पाठ्यक्रम में वह पुस्तक न आ सके।

इस सम्बन्ध में शुक्ल जी को जब सूचना मिली तो उन्होंने पाठ्यक्रम समिति के संयोजक पं. अयोध्यानाथ शर्मा को पत्र लिखकर आगाह किया था कि उनकी पुस्तक 'गोस्वामी तुलसीदास' को वहाँ न लगाने का प्रयत्न बाबू साहब की ओर से होगा और इसके बदले बाबू साहब अपनी पुस्तक 'गोस्वामी तुलसीदास' लगवाने का प्रयत्न कर सकते हैं जबकि उनकी पुस्तक में 'सिवा इसके कि तुलसीदास जी यहाँ गये, वहाँ गये, मुर्दे जिलाये, कुछ भी मैटर ऐसा नहीं है जो इस स्टैण्डर्ड का हो कि बी.ए. आदि के कोर्स में रखा जा सके?' शुक्ल जी की इस शंका की पुष्टि बाबू साहब के 18-01-1933 को लिखे गये उन्हीं पं. अयोध्यानाथ शर्मा के पत्र से हो जाती है।

यह दूरी और आन्तरिक कटुता निरन्तर बढ़ती गयी। श्री चन्द्रशेखर शुक्ल ने अपनी पुस्तक 'रामचन्द्र शुक्ल' में लिखा है—'बाबू साहब और शुक्ल जी को पहले-पहल 1906 में केदारनाथ पाठक ने एक-दूसरे से परिचित कराया था। 1910 में अप्रैल से दिसम्बर तक जम्मू में (कोश के सम्बन्ध में) एक साथ रहते हुए यह परिचय घनिष्ठ होते-होते मित्रता में विकसित हुआ। तब 1926 तक वह अक्षुण्ण रहा।...किन्तु (हिन्दी शब्द सागर की) प्रस्तावना की आँधी के पहले ही झटके ने सारी मैत्री चकनाचूर कर दी। शुक्ल जी ने उनके प्रति शिष्टाचार का निर्वाह अन्त तक किया पर बाबू साहब ऐसा नहीं कर सके। शुक्ल जी के निधन पर काशी में रहते हुए भी उनके घर पर जाकर परिवारवालों से संवेदना नहीं प्रकट की न उनकी वर्षी पर या उनकी पत्नी के निधन पर मातमपोशी करने ही पहुँचे।' बाबू साहब ने विश्वविद्यालय के हिन्दी विभाग में आचार्य चन्द्रबली पाण्डेय की नियुक्ति का विरोध सिर्फ़ इसलिए किया कि वे शुक्ल जी के अन्तेवासी थे और उनके अन्धभक्त थे, जबकि पाण्डेय जी की योग्यता और प्रतिभा का लोहा बड़े-बड़े दिग्गज भी मानते थे। यहीं से हिन्दी-विभाग में शुक्ल और शुक्लविरोधी दो खेमा बन गया जो डॉ. हजारीप्रसाद द्विवेदी के समय तक चलता रहा।

इतना होते हुए भी बाबू साहब उनकी योग्यता और प्रतिभा के मूल्यांकन में निष्पक्ष भाव रखते थे। उनके निधनोपरान्त बाबू गुलाबराय-सम्पादित 'आलोचक रामचन्द्र शुक्ल' नामक ग्रन्थ में 'जीवन-परिचय' शीर्षक अपने लेख में उन्होंने लिखा—'शुक्ल जी हिन्दी के जाज्वल्यमान नक्षत्र थे। उनका स्थान सहसा पूरा होता दिखायी नहीं देता। शुक्ल जी का चरित्र निर्दोष और स्वभाव सरल था। सरलता और संकोच की मात्रा इतनी बढ़ी हुई थी कि स्वार्थी और कुचक्री लोग इनके पीछे पड़े रहकर अपना काम निकाल लेते थे, भले ही वह उनकी रुचि और आत्मा के विरुद्ध हो। हिन्दी आलोचकों और निबन्ध-लेखकों में इनका स्थान बड़े महत्त्व का है। इनकी विद्वत्ता की धाक जमी हुई है।'

आचार्य शुक्ल की आलोचनाओं का मुखर विरोध छायावाद के समर्थकों द्वारा विशेष रूप से हुआ। छायावाद पर अंग्रेज़ी रोमैण्टिक

कविता तथा बँगला की रवीन्द्रनाथ आदि की रहस्यमयी कविताओं का प्रभाव वे मानते थे और उसमें स्वच्छन्द मांसल प्रेम और सौन्दर्य की स्थिति मानते थे। आचार्य नन्ददुलारे वाजपेयी और शान्तिप्रिय द्विवेदी ने सैद्धान्तिक स्तर पर उनके मत का खण्डन किया और छायावाद की कविताओं की उच्च मूल्यवत्ता और उसकी काव्यगत विशेषताओं को स्थापित किया। इससे तो शुक्ल जी की आलोचक-परम्परा का विस्तार ही हुआ, पर बहुत-से छायावादी नवयुवकों ने उनके लिए अशोभनीय शब्दों का प्रयोग तक करना प्रारम्भ कर दिया। सन् 1925 से 1935 तक लगातार पत्र-पत्रिकाओं में शुक्ल जी का अपमानजनक विरोध युवा कवि करते रहे। अन्त में शुक्ल जी को 'पाखण्ड-प्रतिषेध' नामक कविता लिखनी पड़ी—

काव्य में 'रहस्य' कोई 'वाद' है न ऐसा जिसे
लेकर 'निराला' कोई 'पन्थ' (पन्त) ही खड़ा करें।
यह तो परोक्ष रुचि-रंग ही भी झाँई है जो
पड़ती है व्यक्त में अव्यक्त बिम्बताधरे।
गाँथते हैं गर्वभरी ज्ञान गूदड़ी हैं वे,
चुने हुए चीथड़ों से किये ब्रह्मलीन मन
कहीं बंग-भंग-पद चकती चमक रही
कहीं अँगरेजी अुवाद का अनाड़ीपन
ऐसी सिद्ध साइयों की माँग 'मतवालों' में है
काव्य में न झूठे स्वाँग खींचते कभी है मन।
वासना का लम्बा-चौड़ा रूप विकराल अति
देह के मलों का यह सागर अपार!'

प्रतिवाद और प्रतिषेध भी शुक्ल जी की शैली में तर्क और गम्भीरता रहती थी पर विरोध के कटु स्वर भी बानगी 'निराला' की शुक्ल जी पर लिखी कविता में मिलती है—

'जब से इण्टर फेल हुआ,
हमारे कॉलेज का बचुआ।

नाक दबाकर सम्पुट साधै,
महादेव जी को आराधै।
भाँग छानकर रोज रात को,
खाता मालपुआ।
हिन्दी का लिक्खाड़ बड़ा वह
जब देखो तब अड़ा पड़ा वह
छायावाद-रहस्यवाद के भावों का भकुआ।'

सन् 1935 ई. में शुक्ल जी ने हिन्दी साहित्य सम्मेलन के इन्दौर के अधिवेशन का अपना ऐतिहासिक भाषण प्रस्तुत किया जो आज भी कविता और उसके मर्म को समझने के लिए एक प्रकाश-स्तम्भ माना जाता है। इस भाषण में उन्होंने नये काव्यान्दोलन (छायावाद-रहस्यवाद) के सम्बन्ध में अपना सैद्धान्तिक पक्ष बड़े ही शास्त्रीय ढंग से प्रस्तुत किया, पर वहाँ भी विरोधियों ने अपना विरोध प्रकट किया। कुछ लोग भाषण प्रारम्भ करते ही खिसकने लगे। कुछ ने बीच-बीच में टोका-टोकी शुरू की तो राजर्षि पुरुषोत्तमदास टण्डन ने उठकर उन पर अशिष्टता का आरोप किया तो पूरी विरोधी-मण्डली उठकर चली गयी। अन्त में श्रीनाथ सिंह ('हल' नामक पत्रिका के सम्पादक) ने विरोध किया, जिसका विवरण अप्रैल-1941 की 'माधुरी' में इस प्रकार छपा—

'मैंने उन्हें (शुक्ल जी को) सर्वप्रथम 1935 में इन्दौर में एक वृद्ध तपस्वी के रूप में शान्त, गम्भीर, प्रभावशाली किन्तु एक नवीन आवरण से सुसज्जित देखा था।...उनका भाषण आरम्भ हुआ। वृद्धावस्था के कारण बहुत धीमे बोले। इसलिए भाषण का मुख्यांश पं. बालकृष्ण शर्मा 'नवीन' ने सुनाया। भाषण पुस्तक रूप में था। बीच में ही श्रीनाथ सिंह—सम्पादक 'हल'- खड़े होकर उपन्यास पर शुक्ल जी पर आरोप कर बैठे, किन्तु इस महर्षि ने चूँ तक न की। अनूप शर्मा से न रहा गया। उन्होंने श्रीनाथ सिंह का उत्तर दिया, लेकिन शुक्ल जी एक हरफ न बोले।...इन बातों को सहने के लिए कितना फौलाद का दिल चाहिए।' (श्री दीनानाथ व्यास का लेख)।

सन् 1941 ई. में शुक्ल जी के निधन के पश्चात् भी उनकी मान्यताओं के खण्डन और उनके पुरानपन्थी होने की प्रवृत्ति कुछ महन्तों के इशारे पर चलती रही पर आचार्य चन्द्रबली पाण्डेय ने उन सभी का उत्तर दिया। यह बड़ा कटु विवाद-प्रसंग था जिसमें सब-कुछ साधु नहीं था। यह सही है कि शुक्ल जी एक समय और एक परिवेश के साहित्यकार थे। उनके सामने हिन्दी साहित्य की सामग्री भी पूरी प्रकाश में नहीं थी पर शुक्ल जी ने हिन्दी साहित्य की सैद्धान्तिक और साहित्यिक आलोचना में एक तटस्थ मौलिक मानदण्ड स्थापित किया और उनका अधिकांश समकालीन विरोध, मत्सर-भाव से प्रेरित था। जब अन्य लेखक-आलोचक-रचनाकार अपने समकालीन से आगे नहीं निकल पाते हैं तो निन्दा, भर्त्सना और व्यक्तिगत आक्षेप पर उतर आते हैं। यह प्रसाद, निराला, महादेवी, प्रेमचन्द तक सभी के साथ हुआ।

(शुक्ल जी और डॉ. श्यामसुन्दर दास के पत्र 'आचार्य अयोध्यानाथ शर्मा अभिनन्दन-ग्रन्थ' में मूल रूप में छपे हैं। नीचे पत्रों की प्रतिलिपि प्रस्तुत है—

दुर्गा कुण्ड
बनारस सिटी

4-3-32

प्रिय अयोध्यानाथ जी,

अनेक आशीर्वाद! मैं समझता हूँ आगरा यूनिवर्सिटी के Hindi Board की Meeting अभी न हुई होगी। पं. कृष्णानन्द जी पन्त कई महीने हुए मेरे यहाँ आये थे। उस समय मेरे यहाँ यह चर्चा हो रही थी कि श्यामसुन्दर दास जी का विचार है कि मेरा लिखा 'गोस्वामी तुलसीदास' अब ना.प्र. सभा द्वारा न छापा जाय। पन्त जी यह बात यहाँ से सुनकर गये थे।

बाबू साहब ने हिन्दू विश्वविद्यालय के बोर्ड की मीटिंग में इस बात का दावा प्रस्तुत किया था कि मेरी वह पुस्तक हटायी जाय। इस पर बड़ा विरोध

हुआ और वह पुस्तक नहीं हटायी गयी। आप इस बात का ध्यान रखियेगा कि वह पुस्तक (गोस्वामी तुलसीदास) आगरा यूनिवर्सिटी से न हटने पाये। जब दोनों यूनिवर्सिटियों में वह पुस्तक ज्यों की त्यों रहेगी तब बाबू साहब को ना. प्र. सभा में यह प्रस्ताव करने के लिए कोई आधार न रह जायगा कि पुस्तक न छापी जाय।

बाबू साहब ने जो तुलसीदास की जीवनी लिखी या संकलित करायी है वह आपने देखी होगी। उसमें सिवा इसके कि तुलसीदास जी यहाँ गये, वहाँ गये, मुर्दे जिलाये, कुछ भी मैटर ऐसा है जो इस Standard का हो कि बी.ए. आदि के कोर्स में रखा जा सके?

मैंने यह बात आपको इसलिए सूचित कर दी कि शायद पं. कृष्णानन्द जी जो बात यहाँ सुनकर गये थे वही उनके ध्यान में बनी हो कि पुस्तक का संस्करण आगे न होगा और वे आपके बोर्ड की मीटिंग में इस बात की सूचना दें। कृपया उनसे भी सब व्यवस्था कह दीजियेगा कि Hindu University में वह पुस्तक अगले वर्ष के लिए भी रखी गयी है और ना. प्र. सभा में इसके न छापने का कोई प्रस्ताव नहीं पास हुआ है।

त्वदीय

रामचन्द्र शुक्ल

काशी

18-3-32

प्रिय अयोध्यानाथ जी,

सूचनार्थ लिखता हूँ, कि निबन्धमाला भाग-1और 2 का नवीन संस्करण छप रहा है। पूर्व संस्करणों की अपेक्षा इसमें बहुत परिवर्तन हैं। पद्य पारिजात के भी नवीन संस्करण छप रहे हैं। मूल पाठ छप गये हैं। पहला भाग... के लिए है और दूसरा...के लिए। संक्षिप्त पद्मावत का नवीन परिवर्तित संस्करण छप गया है अभी जिल्द नहीं बँधी है। सूरसुषमा नाम की एक पुस्तक भी छप रही है। इसमें सूरदास के चुने

हुए उत्कृष्ट 108-125 पदों का संग्रह होगा। यह बी.ए. के विद्यार्थियों के लिए है। एक संग्रह सर्वोत्कृष्ट हिन्दी कहानियों का भी छप रहा है। यह बी.ए. या एम.ए. के विद्यार्थियों के काम का होगा, छपते ही इन सब पुस्तकों की प्रति भेजूँगा। पहले से इसलिए लिख रहा हूँ कि जिससे तुम्हें इसकी सूचना रहे और उपयुक्त समय पर इन सूचनाओं का उपयोग कर सको।

शुक्ल जी के 'तुलसीदास' की प्रतियाँ ना. प्र. सभा में नहीं रहीं। नवीन संस्करण का आयोजन हो रहा है। छपने पर सूचना दूँगा। इस बीच में यदि उचित और आवश्यक समझो तो उसके स्थान पर मेरा 'गोस्वामी तुलसीदास' कोर्स में रख सकते हो।

शुभाकांक्षी

श्यामसुन्दर दास

दुर्गाकुंड

बनारस सिटी

प्रिय शर्मा जी,

अनेक आशीर्वाद! कुछ दिन हुए बा. श्यामसुन्दर दास जी ने यह खुशखबरी सुनायी कि अब तो मि. हरिहरनाथ टण्डन भी Board of Studies के मेम्बर हो गये। न जाने क्यों मुझे यह खबर धमकी-सी जान पड़ी। मुझे अब भी यही भावना होती है कि उन्हें Agra University की उक्त कमेटी में बा. श्यामसुन्दर दास को प्रसन्न करने के अनेक अवसर मिला करेंगे। बाबू साहब किन-किन बातों से प्रसन्न हुआ करते हैं, यह तो आप अच्छी तरह जानते होंगे। आपको मैं इसलिए लिख रहा हूँ कि आप सब बातों पर पूरी दृष्टि रखें। उक्त कमेटी में आपके रहने से मैं एक प्रकार से निश्चिंत हूँ।

Board of Studies की बैठक हो गयी या अभी होनेवाली है? यदि हो गयी तो कृपया लिखिये कि मेरे ऊपर कोई विरोध कृपा तो नहीं हुई। मुझे पूरा भरोसा है कि आप तथा कमेटी के अन्य सदस्य मेरे साथ कोई अन्याय न होने देंगे। बस,

अब इस बात की आवश्यकता प्रतीत होती है कि आप समय-समय पर सब बातों की सूचना मुझे देते रहें।

आपका

रामचन्द्र शुक्ल

‘हरिऔध’ महान् भी सरल भी

हिन्दी के द्विवेदी-युग में ‘हरिऔध’ की प्रतिष्ठा सर्वाधिक थी। वे काव्यरसियों और साहित्याचार्यों द्वारा ‘कवि सम्राट्’ कहे गये और ‘सम्मेलन’ ने उन्हें ‘साहित्यवाचस्पति’ की उपाधि दी। 6 मार्च 1947 को होली का दिन था, उसी दिन आजमगढ़ में उनका निधन हुआ। मैं उस समय अपने गाँव के जूनियर हाई स्कूल में आठवीं का छात्र था। संयोग ही था कि हरिऔध जी के निधन के पूर्व हमारी परीक्षा आजमगढ़ के नार्मल स्कूल में होनी थी और हमें महाकवि के दर्शन का सौभाग्य भी प्राप्त हो सका था। वे अपनी भागनेय के पुत्र स्व. ठाकुर प्रसाद तिवारी के मकान में रहते थे जो चौक के पश्चिम गोलवारा साहु के मन्दिर के पास था। वहीं एक और छोटा-सा मन्दिर हरिऔध मन्दिर कहा जाता है, वहीं वे सुबह-शाम बैठते और सामने के वर्गाकार परिसर में टहलते थे। उनका जन्म तो निजामाबाद में गुरुद्वारा...से सटे पैतृक मकान में हुआ था जो आज खँडहर की शक्ल में है। हरिऔध मन्दिर और उनके पैतृक मकान को समाज और सरकार को स्मारक बनाना चाहिए पर ऐसा कुछ भी न हुआ।

‘हरिऔध’ मिडिल पास थे। पहले स्कूल में अध्यापक फिर कानूनगो। पर उन्हें जो सम्मान साहित्य और शिक्षा-जगत् में मिला, वह ज्यादा पढ़े-लिखे लोगों के लिए ईर्ष्या का विषय था।

काशी हिन्दू विश्वविद्यालय ने अवकाश बाद उन्हें अध्यापक बनाया। वे पं. रामचन्द्र शुक्ल और लाला भगवानदीन के साथ इक्के पर विश्वविद्यालय जाते थे।

हरिऔध जी एक सफल अध्यापक थे। उनकी कक्षा में अत्यन्त शान्ति रहती थी। श्री पद्मनारायण आचार्य ने लिखा है कि 'लाला भगवानदीन और हरिऔध दोनों उन्हें बी.ए. में हिन्दी पढ़ाते थे। दोनों का अपना-अपना ढंग था-को बड़ छोट कहत अपराधू-हरिऔध जी सफल अध्यापक तो निश्चय ही थे, पर उससे अधिक सहृदय और कवि थे और उससे भी अधिक थे लोक सेवक और लोक संग्रही।' (शती स्मारक ग्रन्थ, पृ.67)

वे हिन्दू विश्वविद्यालय के सीधे-सरल अध्यापकों में थे, पर वाग्मिता में भी बेजोड़ थे। वे एक बार पं. रामचन्द्र शुक्ल के साथ इक्के पर बैठकर विश्वविद्यालय जा रहे थे कि एक पतंग कटकर गिरी और इक्के पर आ गयी। शुक्ल जी ने हरिऔध जी की ओर उसको बढ़ाते हुए कहा कि लीजिये हरिऔध जी उड़ाइये। हरिऔध जी ने छूटते ही उत्तर दिया-शुक्ल जी मैं उड़ायी हुई को नहीं उड़ाता हूँ। ऐसे अनेक संस्मरण उनकी वाग्मिता के हैं। वे शब्दों और मुहावरों के तो भण्डार थे तथा शब्द और भाषा के सौष्ठव की साकार प्रतिमा थे। महाभाष्य का यह वाक्य 'एक: शब्द: सम्यक् ज्ञात: सुष्ठु प्रयुक्त स्वर्ग लोके च कामधुक्भवति।' अर्थात् एक शब्द का अच्छा ज्ञान, फिर उसका सुन्दर प्रयोग लोक-परलोक दोनों में कामधेनु बन जाता है।' उन पर चरितार्थ होता था। हरिऔध जी शब्दों के अद्‌भुत ज्ञाता, पारखी और सुष्ठु प्रयोक्ता थे।

सन् 1932 ई. में ब्रजभाषा में उनका काव्यशास्त्रीय काव्य-ग्रन्थ 'रस-कलस' प्रकाशित हुआ। इसमें कुछ पुराने रचे ब्रजभाषा के छन्दों के साथ कुछ नये छन्द थे और इसका नियोजन रसों के क्रम में किया गया था। यह अपने ढंग की एक अच्छी कृति है। इसी समय दुलारेलाल भार्गव की 'दुलारे दोहावली' नाम की रचना प्रकाशित हुई थी। वीरसिंह देव पुरस्कार (जो पहली बार अभी प्रारम्भ हुआ था और दो हजार रुपये का था) के लिए 'रस कलस' भेजा गया था, पर पुरस्कार 'दुलारे दोहावली' को मिला। इस पर हिन्दी-जगत् में बड़ी प्रतिक्रिया हुई। दुलारेलाल तो अपने को बिहारी से बड़ा नहीं तो उनके बराबर अवश्य मानते थे पर श्रीनारायण चतुर्वेदी व्यंग्यकार ने उनका मूल्यांकन किया था—

कहाँ मूँछ के बाल हैं, कहाँ पूँछ के बाल।

कहाँ बिहारीलाल हैं, कहाँ दुलारेलाल।।

दूसरी ओर कान्तानाथ पाण्डेयय 'राजहंस' जो चोंच बनारसी नाम से हास्य-व्यंग्य लिखते थे और हरिऔध जी के भक्त भी थे, उन्होंने इस विसंगति पर लिखा—

तब ते कविताई है फेल भई जब ते मरिगे तुम्हरे ददुआ।

भल लाल दुलारे हजार जए, हरिऔध के हाथ लग्यो कदुआ।।

इस पुरस्कार-निर्णय का एक सार्थक प्रभाव यह हुआ कि 'रस-कलस' का व्यापक अध्ययन और मूल्यांकन हुआ। पं. गिरिजादत्त शुक्ल 'गिरीश' ने सन् 33-34 ई. में 'प्रेमपत्र' नामक अपनी पत्रिका का एक विशेषांक इसी पुस्तक पर निकला जिसमें आचार्य महावीरप्रसाद द्विवेदी और पं. रामचन्द्र शुक्ल जैसे आलोचकों ने 'रसकलस' की महत्ता को सराहा।

कानूनगो 'हरिऔध' सन् 1922 ई. में सम्मेलन के अध्यक्ष बने। फिर दुबारा सन् 1934 ई. में हिन्दी साहित्य सम्मेलन का अधिवेशन दिल्ली में आयोजित हुआ। उस समय हरिऔध जी की ख्याति पूरे भारतवर्ष के हिन्दी-जगत् में छा गयी थी और वे काशी हिन्दू विश्वविद्यालय के प्राध्यापक भी थे। दिल्ली-अधिवेशन अपने स्थान की दृष्टि से तो महत्त्वपूर्ण था ही स्वराज्य, स्वभाषा व स्वदेश-भाव की जागृत चेतना की दृष्टि से भी महत्त्वपूर्ण था। इसके सभापतित्व के लिए एक बार पुनः अयोध्यासिंह उपाध्याय 'हरिऔध' को मनोनीत कर हिन्दी लेखकों-कवियों और हिन्दी हितैषियों ने उनका सम्मान किया। राजर्षि पुरुषोत्तमदास टण्डन उस समय सम्मेलन के सूत्रधार और प्राण थे। सरल हृदय 'हरिऔध' जी कहते थे कि मुझे मिडिल पास आदमी को सम्मेलन का सभापति क्यों चुना गया? पुरातत्त्व और साहित्य के प्रसिद्ध विद्वान् डॉ. वासुदेवशरण अग्रवाल ने उनके सम्बन्ध में लिखा है कि 'हिन्दी के अध्यापक रूप में वे मेरे गुरु थे। उनकी काव्य-प्रतिभा और दूरदर्शिनी प्रज्ञा में भारतवर्ष के समुत्कर्ष का एक उज्ज्वल चित्र भरा गया। अपने

विद्यार्थियों को उन आदर्शों में भाग देना चाहते थे। अत: उस समय उनके शिक्षण के साथ-साथ हिन्दू महासभा के समाज-निर्माण सम्बन्धी आन्दोलन की पर्याप्त चर्चा रहती थी। उनकी आँखें किसी अपूर्व तेज से चमक उठती थीं। उनकी आकृति आकर्षक थी। सिर पर सफेद पगड़ी, चेहरे पर चितचावड़ी दाढ़ी और शरीर पर सफेद अचकन, इनसे उनका स्वरूप उस समय बहुत भव्य दिखायी देता था। उनमें बाल-सुलभ सरलता थी, और वे जो कुछ कहते उसके पीछे उनके हृदय की भावमयी गम्भीरता प्रकट होती थी।'' (शती स्मारक ग्रन्थ पृ.-20)

हरिऔध जी बड़े ही भावुक व्यक्ति थे। आजमगढ़ के उनके निकटवर्ती विद्वान् चन्द्र दत्त त्रिपाठी बताते थे कि एक बार कुछ महिलाएँ लोकगीत गा रही थीं। लोकगीत की पंक्ति थी—

कदम-कदम भुइयाँ भारी, कइसे चलिहैं जनक दुलारी?

इस गीत को गाते हुए सुनकर हरिऔध जी रोने लगे। मानो सीता की पैदल वन-यात्रा की पीड़ा को उन्होंने गहराई तक अनुभव किया। इसी प्रकार आजमगढ़ में 'सरस्वती-भवन' संस्कृत पाठशाला में संगीत का कार्यक्रम था। हरिऔध जी वहाँ उपस्थित थे। गायक कालिका महराज ने गाया—

गज निरख्यो फहरान बसन की,
ललकि लग्यो मुख कमल बिलोकन,
भूलि गई सुधि ग्राह-ग्रसन की।

इसे सुनकर हरिऔध जी भाव-विभोर होकर कहने लगे—''मैंने जीवन भर कविता की, पर एक पंक्ति भी ऐसी नहीं बन पायी।'' ऐसी पूर्व महाकवियों के प्रति उनकी भावना थी और स्वयं के प्रति अहम्-शून्यतम चोंच बनारसी ने कई व्यंग्य उस पर लिखा था जैसे हरिऔध के द्वारे सकरे गया, कर दाढ़ी पै फेरत वे निकसे।' हरिऔध ही नहीं उनके शिष्य श्यामनारायण पाण्डेय पर उन्होंने लिखा—हरिऔध शिष्य कहते हैं जो, जाते हैं थर्ड ही क्लास में वे पर फर्स्टक्लास बनाते वो। जब उन्हें यह पता चला कि उनके व्यंग्यों से हरिऔध जी को कष्ट हुआ

है तो वे उनके पास आजमगढ़ आये। हरिऔध जी ने उन्हें न जलपान कराया और न भोजन। बाजार से पूड़ी-सब्जी मँगाकर उन्हे खिलायी। बाद में वे बताने लगे कि बाजार से इसलिए मँगाकर खिलाया कि बाद में अगर उसे कुछ हो जाता तो लोग कहते कि हरिऔध ने ही कुछ मिलाकर खिला दिया होगा।

एक बार आजमगढ़ में उनके पौत्र का जन्म-दिन था, उसमें काशी से आचार्य रामचन्द्र शुक्ल, आचार्य चन्द्रबली पाण्डेय आदि विद्वान् पधारे थे। चन्द्रबली जी उन दिनों कच्चा भिगोया हुआ अन्न खाते थे। रात्रि में सब लोगों का भोजन हो जाने के उपरान्त हरिऔध जी को स्मरण हुआ कि चन्द्रबली जी का तो कोई प्रबन्ध नहीं किया गया। उन्होंने शुक्ल जी के सामने आकर कहा कि मुझसे एक बड़ी भारी गलती हो गयी कि पाण्डेय जी के लिए कुछ भिगोया हुआ अन्न नहीं तैयार हुआ और कहने लगे कि इस समय तो कहीं कुछ मिलेगा भी नहीं। शुक्ल जी ने कहा- एक जगह भिगोया चना मिल सकता है। हरिऔध जी ने बड़ी उत्सुकता से पूछा—'कहाँ-कहाँ'। शुक्ल जी ने गम्भीरता से कहा 'किसी तबेले में।' हरिऔध जी इस मजाक को सत्य मानकर किसी तबेले में भिगोया चना लेने के लिए आदमी ढूँढ़ने लगे और उन्हें विनोद का ज्ञान तब हुआ जब लोग ठहाका लगाकर हँसने लगे।

वे महाकवि और भाषा-साहित्य के विद्वान् तो थे ही पर उनको अभिमान छू भी नहीं गया था। वे विनम्रता की साक्षात् मूर्ति थे। उनके ही समकालीन द्विवेदी-युग के दूसरे महाकवि रामचरित उपाध्याय भी उन दिनों आजमगढ़ में रहते थे। रामचरित जी संस्कृत के अच्छे विद्वान् और काव्य-कला में भी निपुण थे। पर संयोग से उन्हें वह कीर्ति न मिल सकी जो हरिऔध जी को मिली। इससे वह खिन्न रहते थे। उन्होंने एक बार किसी सज्जन से यह कहा कि मैं उनके बहुत पहले से द्रुत विलम्बित छन्द लिखता आ रहा हूँ, जब मिडिल पास लोग कवि-सम्राट् नहीं हुए थे। यह सुनकर हरिऔध जी ने कहा—'सच ही तो वे कहते हैं। वे शिवकुमार शास्त्री के पटु शिष्य हैं, पण्डित हैं, विद्वान् हैं। भाषा व छन्द दोनों पर उनका समान अधिकार है।' समकालीन वरिष्ठ अथवा

किसी भी कवि की चर्चा जब उनसे कोई करता था, तो वे उनके काव्य की प्रशंसा ही करते थे, किसी की निन्दा करते उन्हें कभी नहीं सुना गया।

उनके परिचय-वृत्त हेतु 'इनसाइक्लोपीडिया आफ वर्ल्ड आथर्स' के लिए अमेरिका से पत्र आया। पत्र विश्वनाथ लाल सैदा को दिखाकर कहने लगे 'भला इन लोगों को कैसे खबर लगी?' बात आगे बढ़ी तो कहने लगे मिडिल पास हैं, लिखने पर वे मेरा जीवन चरित्र छापेंगे?" और जब यह कहा गया कि हिन्दी साहित्य सम्मेलन के सभापति और विश्वविद्यालय के प्राध्यापक होने की बात कहाँ जायेगी? तब कहने लगे "यदि आप लोगों को विश्वास हो कि वे छापेंगे, तभी भेजा जाना चाहिए।"

'हरिऔध जी ही द्विवेदी-युग के ऐसे मनस्वी रचनाकार थे जिन्होंने महादेवी की 'नीरजा' की भूमिका लिखकर नवीन धारा की कविताओं को प्रोत्साहित किया, चाहे वे राष्ट्रीय धारा के कवि श्यामनारायण पाण्डेय हों या स्वच्छन्तावादी कवि गुरुभक्त सिंह 'भक्त' हों अथवा छायावादी महादेवी वर्मा तथा अन्य हों। उनके साहित्यिक दृष्टिकोण में जो उदारता थी, वही जीवनगत व्यवहार में भी थी। 'हरिऔध' एक महान् कवि लेखक तथा एक श्रेष्ठ मानव थे जो आदर्श और उदात्त गुणों के समुच्चय थे।

निराला : सबसे निराला

महान् व्यक्तियों के साधारण व्यवहार में भी महानता झलकती रहती है। उनमें धरातल से ऊपर उठे हुए जीवन के लक्षण दीखते रहते हैं। महात्मा गाँधी इसी प्रकार के व्यक्ति थे। गाँधी-युग के कवियों-लेखकों में उन जैसा ही एक विलक्षण व्यक्तित्व था— पं. सूर्यकान्त त्रिपाठी 'निराला' का। निराला गाँधी जी का आदर भी खूब करते थे, पर उनकी वे बातें जो उन्हें पसन्द नहीं थीं, उनका प्रबल प्रतिवाद करते थे और उनसे भेंट-मुलाकात करके अपना दो-टूक विरोध भी दर्ज कर देते थे। गाँधी जी का ऐसा प्रभाव देश भर में था कि उनसे असहमत होकर भी उनका विरोध किसी के बूते का नहीं था किन्तु निराला विचारों से समझौता करनेवाले जीव नहीं थे। अत: किसी से टकराने का अदम्य साहस उनमें था। किशोरावस्था से ही उन्हें देखने की लालसा मेरे मन में थी। 1955 ई. में शिबली नेशनल कॉलेज आजमगढ़ से बी.ए. पास करके मैं जुलाई में इलाहाबाद विश्वविद्यालय में हिन्दी से एम.ए. करने के लिए प्रविष्ट हुआ। उस समय हिन्दी-विभाग विद्वानों-लेखकों से अति समृद्ध था। अध्यक्ष भाषाविज्ञान के पण्डित डॉ. धीरेन्द्र वर्मा थे। उनके सहयोगियों में डॉ. रामकुमार वर्मा, डॉ. माताप्रसाद गुप्ता, डॉ. हरदेव बाहरी, उदय नारायण तिवारी, डॉ. ब्रजेश्वर वर्मा, पं. उमाशंकर शुक्ल, डॉ. जगदीश गुप्त, डॉ. धर्मवीर भारती, डॉ. रामस्वरूप चतुर्वेदी, डॉ. रघुवंश, रघुवर दयाल मिट्ठूलाल शास्त्री आदि थे। संस्कृत-विभाग में पं. क्षेत्रेश चन्द्र चट्टोपाध्याय, बाबूराम सक्सेना आद्याप्रसाद मिश्र, चण्डिका प्रसाद शुक्ल, लक्ष्मीकान्त दीक्षित और अंग्रेज़ी विभाग में देव साहब,

दस्तूर साहब, डॉ. विजयदेव नारायण साही, रघुपति सहाय 'फिराक' और हरिवंश राय बच्चन थे जो हिन्दी से भी कहीं न कहीं जुड़े थे। 'फिराक' साहब उर्दू के हिमायती थे मशहूर थे, पर इसी नगर में निराला भी रहते थे।

उन दिनों निराला इलाहाबाद में एक मिथक बन गये थे। उनकी रहनी और करनी की अनेक कहानियाँ नगर के गली-मुहल्लों में चलती रहती थी। निराला के शिष्यों की बड़ी टीम वहाँ बन गयी थी। निराला जैसी दाढ़ी रखने का फैशन-सा चल पड़ा था। हमारे विश्वविद्यालय के विज्ञान के अध्यापक डॉ. शिव गोपाल मिश्र वैसी ही दाढ़ी रखते थे और महाकवि के अनन्य भक्त थे। उनके प्रभाव से ही वे विज्ञान से अधिक हिन्दीवाले बन गये थे। उन्होंने कुतुबन कृत-मृगावती का हिन्दी जगत् में सर्वप्रथम सम्पादित पाठ प्रकाशित किया था। छायावाद के स्तम्भों में चार उस समय इलाहाबाद में ही रहते थे उनके वेश की विचित्रता-नगे बदन, सिर पर लम्बे अस्त-व्यस्त बाल, दाढ़ी और गजराज-सा विशाल डील-डौल। और ऊपर से यह प्रसिद्धि कि निराला पागल हो गए हैं, अत: नए आदमी को उनसे डर लगता था। कहीं कवि-सम्मेलन हो रहा हो और उन्हें पता चल जाय तो बिन बुलाए पहुंच जाते और सीधे अध्यक्ष के आसन पर विराजमान हो जाते। कहते भी थे कि निराला के रहते और कौन अध्यक्षता करेगा?

उन दिनों मैं हालैण्ड हॉल छात्रावास में रहता था। इच्छा हुई कि निराला जी के निवास पर चल कर उनका दर्शन किया जाय। निराला दारागंज मुहल्ले में राय साहब 'शायद राय अमरनाथ की कोठी के पीछेवाली गली में कमलाशंकर के निवास 'कला-निकेतन' में उन्हीं के साथ रहते थे। मेरा ख्याल है कि कमलाशंकर भी उस मकान में किरायेदार ही थे। निराला से अकेले मिलना निरापद नहीं होगा। अत: उसका इन्तजाम किया। हमारे मित्र मगनू सिंह पहलवान थे और यूनिवर्सिटी कबड्डी टीम के कप्तान थे। उन्हें साथ लेकर हम लोग कटरा गये। उन दिनों दस पैसा घण्टा के रेट से किराये की साइकिल मिलती थी। हमने दो साइकिलें लीं और दारागंज चल पड़े। मेरे मित्र

विजय शुक्ल जगन्नाथ सुपुत्र पं. गिरिजादत्त शुक्ल 'गिरीश' दारागंज में थे, वे बताते थे कि मिठाईवाले के यहाँ जब निराला जी की इच्छा होती जाकर खूब मिठाई खाते। पैसा देने का सवाल ही नहीं। खाया-पानी पिया, चल दिये। हम लोग पहले उसी के यहाँ गये और निराला जी के इस आचरण की पड़ताल की तो वह हलवाई बोला : "साहब, निराला जिसकी दुकान पर खा लें, उसका बड़ा भाग्य है। सुनता था कि गाँव में साँड़-भैंसें जिस खेत को खा जाते हैं, उसमें और अधिक उपज होती है। मैंने पूछा तो क्या निराला के खाने से तुम्हारी बिक्री बढ़ जाती है? उसने कहा : बिक्री क्यों न बढ़े, जहाँ देश का इतना बड़ा आदमी आकर खाता है वहाँ खुद ही लोगों की भीड़ लगती है। फिर निराला की मिठाई का दाम, अदा करनेवाले भी अनेक निकल आते हैं पर मैं कभी किसी से कुछ नहीं लेता।" उसने बड़े ही भावुक अन्दाज में बताया कि निराला जी की किताबों का रुपया जिस दिन मिलता है, वे दोस्तों-शिष्यों पर सिविल लाइन्स वगैरह में खूब खर्च करते हैं और जो बचा रहता है वह सारा-का-सारा हजार-पाँच सौ मुझे देकर खाली हाथ, अपनी गली में चले जाते हैं जिसे हम दारागंजवाले निराला की गली कहते हैं।

उसी मिठाईवाले के इशारे से हम निराला की गली में पहुँचे। हम डरते-डरते पहुँचे। गली से लगा बरामदानुमा कमरा था। निराला जी लुंगी बाँधे टहल रहे थे। वह विशाल काया, बड़ी-बड़ी तेजस्वी आँखें, पेट गणेश जी से स्पर्द्धा करता जैसे कोई देवता या अतिमानव धरती पर उतर आया हो। निराला उन्नाव के बैसवाड़ा के निवासी थे। बैसवाड़े की मूँछ और लाठी प्रसिद्ध है। वहाँ का अक्खड़पन उस पर उनकी भव्य देहयष्टि और हाथ की लाठी तो मानो उन्हें बैसवाड़े के व्यक्तित्व से मण्डित कर रही थी। हितैषी जी की एक कविता याद आयी जिसमें उन्होंने बैसवाड़े की अपनी ठसक पर लिखा था कि आधे दिन घर पर आधे ससुराल में रहकर गुजर करना पड़ता है, पर मन में ठसक है कि बैसवाड़े का हूँ। निराला का वह चलित रूप रामविलास शर्मा की कविता का स्मरण दिलाता रहा।

वह सहज विलम्बित मन्थर गति जिसको निहार/ गजराज लाज से पन्थ छोड़ दे एक बार/ काले लहराते बाल देव/ सा तन विशाल/ आर्यों का गर्वोन्नत, प्रशस्त, अविनीत भाल, झंकृत करती थी जिसकी वाणी में अमोल/ शारदा सरस वीणा के सार्थक सधे बोल—

कुछ काम न आया वह कवित्व आर्यत्व आज,
सन्ध्या की वेला शिथिल हो गये सभी साज।
पथ में अब वन्य जन्तुओं का रोदन कराल।
एकाकीपन के साथी हैं केवल श्रृगाल।

—तार सप्तक से

बाहर से ही हम उन्हें देख रहे थे। भीतर जाने का साहस नहीं हो रहा था कि प्रभु कृपा से वे कमरे की धुर उत्तरी दीवार से सटी अपनी चौकी पर पालथी मारकर बैठ गये। बैठने की मुद्रा पूरी तनी हुई योग की मुद्रा थी। शायद उन्होंने अनुमान कर लिया कि ये दो युवक उन्हीं से मिलने आये हैं।

उस कमरे में एक और चौकी बिछी थी जो धुर दक्खिनी दीवार से सटी थी। बीच में कुछ भी नहीं था। जमीन की फ़र्श पर ईंटें बिछी थीं और उस भीतरी गली की सीलन काफी उन ईंटों पर उतर आयी-सी थी। बड़ा अफसोस हुआ, यह देखकर हिन्दी का युग प्रवर्तक महाकवि इस घुटन भरे-सीलन-भरे कमरे में रहता है और वह भी अपने बूते नहीं कला-प्रेमी मित्र कमलाशंकर सिंह के सौजन्य से। हमने साइकिलें गली में राय, अमरनाथ की दीवार पर टिकायी और धीरे पाँव दक्खिनवाली चौकी पर बैठ गये। निराला जी ने हमारी ओर देखा—उनकी दृष्टि तो सहज ही थी पर हमें लगा कि वे क्रोध में अपनी लाल-लाल आँखें तरेरकर हमें देख रहे हैं। हम डर से भीतर-ही-भीतर टूट-से रहे थे कि उन्होंने मेघगर्जन स्वर में पूछा :

ह्वेयर फ्राम आर यू कमिंग?

उन दिनों उनको अंग्रेज़ी बोलने की झक सवार थी और हमें यह पता था। उन्हें अपने अंग्रेज़ी उच्चारण पर बड़ा फ़क्र था। हमने उनके

अंग्रेज़ी में पूछे प्रश्न का हिन्दी में उत्तर दिया कि हम यूनीवर्सिटी के छात्र हैं। हॉस्टल से आये हैं? फिर उन्होंने तपाक से पूछा :

हमने फिर कहा : "केवल आपके दर्शन के लिए आये हैं।" अब उन्होंने आदेश के स्वर में कहा : "एस, नाउ पायडिल योर साइकिल एण्ड गो होम।" रुककर "योर इक्जाम इज वेरी नियर, कम आफ्टर इक्जाम, देन "दर्शन एण्ड सत्संग" बोथ।

इन दिनों निराला ने अंग्रेज़ी साहित्य का खूब अध्ययन किया। विशेष रूप से शेक्सपियर का। अंग्रेज़ी पढ़नेवालों से तो वे अंग्रेज़ी-लिटरेचर से सम्बन्धित प्रश्न भी पूछते और उन्हें उत्तर भी बताया करते थे। हिन्दी के साथ अंग्रेज़ी और उसके माध्यम से विश्व साहित्य से अद्यतन सम्पर्क के पक्षधर थे।

हम धीरे से कमरे से खिसके। साइकिल उठायी गली से बाहर आये। जान बची लाखों पाये। सोचा मानसिक सन्तुलन ठीक नहीं और इतनी शारीरिक शक्ति वाला व्यक्ति पता नहीं क्या कर गुजरता?

छात्रावास में लौटकर तो हम खूब इस घटना को मित्रों को सुनाते। "पायडिल योर साइकिल" पर खूब चर्चा हुई। कई अंग्रेज़ी दाँ साथियों ने कहा कि "पायडिल" का क्रिया के रूप प्रयोग, यह निराला के अंग्रेज़ी पर वर्चस्व का द्योतक है। हमने विचार किया कि निराला पागल नहीं हैं। जो उन्हें पागल समझते हैं वे खुद पागल हैं। हमें अपने घर से वापस करने के पीछे उनका मन्तव्य हमारा हित-चिन्तन था, न कि उनका उपेक्षापूर्ण व्यवहार।

उस मनः स्थिति में भी उनकी उदारता और मानवता पराकाष्ठा पर थी। एक बार हिन्दुस्तानी एकेडमी के सहायक सचिव डॉ. सत्यव्रत सिन्हा ने उनका एक संस्मरण सुनाया था कि महादेवी वर्मा ने उनके रहने, उनकी दवा दारू और सेवा की व्यवस्था के लिए उन्हें 'साहित्यकार संसद' के भव्य भवन में रहने का प्रबन्ध कर दिया था। महादेवी और निराला भाई-बहन जैसे रिश्ते से जुड़े थे। साहित्यकार-संसद के विशाल द्वारों पर कीमती पर्दे टँगे थे। एक कड़ाके की जाड़े

की सुबह एक बुढ़िया नौकरानी झाड़ू लगाने आयी और ओढ़ने के अपर्याप्त वस्त्र के नाते काँप रही थी। निराला से देखा न गया। उन्होंने अपने हाथ से एक पर्दा खींचा और बुढ़िया को देते हुए कहा "लो इसे ओढ़ लो। ठण्डक से बच जाओगी।" पर बाद में उन्हें ध्यान आया कि बहन महादेवी को उनका यह काम पसन्द नहीं आयेगा। अत: उन्होंने रिक्शा बुलवाया और वह भवन छोड़कर अपने पुराने दरबे में चले गये। इस अति संवेदनशीलता के चलते ही निराला का सन्तुलन बिगड़ गया था। पर वे सदैव उस अंग्रेज़ी मुहावरे को चरितार्थ करते रहे कि उनके 'मैडनेस' में एक 'मैलडी' थी।

निराला जी का जन्मदिन तो दूसरा है पर उन्होंने वसन्त पंचमी को सरस्वती पूजन के दिन अपना जन्मदिन मनाने का आग्रह स्वयं किया था। कारण स्पष्ट था कि कवि का जन्मदिन सरस्वती पूजा का दिन ही हो सकता है क्योंकि जो यावज्जीवन सरस्वती की आराधना में लगा रहा, उसके पार्थिव जन्मदिन का क्या महत्त्व है? उनके ऐसे ही एक जन्मदिन पर मैं उनके उसी दारागंजवाले निवास पर प्रात: वेला में पहुँचा था। उस दिन उस बरामदानुमा कमरे में चौकियाँ नहीं थीं। पूरी फ़र्श पर बिछावन लगा था। निराला के हाथ में हारमोनियम थी और वे कोई भजन गा रहे थे। कुछ दस-पाँच लोग और थे जो अपनी पुष्प-मालाएँ निराला के गले में डालकर उनका भजन सुन रहे थे। निराला की कविता में संगीतात्मकता और उसे छन्द के बन्ध से मुक्त करके भी कविता में 'लय का बन्धन' रखना, यह तो उनकी आलोचना में पढ़ चुका था। पर वे संगीत के अच्छे साधक हैं और वाद्य के साथ स्वर साधने में कुशल हैं, यह तो उसी दिन ज्ञात हुआ। वहीं यह जानकारी हुई कि इस वर्ष भैया साहब अर्थात् पं. श्रीनारायण चतुर्वेदी के निवास पर सायंकाल 'निराला-जयन्ती' का आयोजन है और निराला जी भी उसमें रहेंगे।

मैं शाम को पुन: दारागंज श्रीनारायण चतुर्वेदी के आवास पर निराला-दर्शन के आकर्षण से खिंचा हुआ पहुँचा। निराला में सचमुच वह जादू था जो सहज ही सबको खींचता था। पण्डितजी एक चौकी

पर बैठे थे। शेष सभी निराला जी के साथ दरी पर थे। मेरे पहुँचने के पूर्व कुछ कार्यक्रम हो चुके थे। जब मैं पहुँचा तो लोग निराला जी से कोई गीत गाने का आग्रह कर रहे थे और निराला साफ 'नहीं' करके गम्भीर मुद्रा में बैठ गये थे। एक बंगाली लड़की ने हारमोनियम पर बँगला का एक गीत गाना शुरू किया। आधा गीत हुआ होगा कि निराला ने उसके हाथ से हारमोनियम खींच लिया और स्वयं गाने लगे। साथ ही उसे बताया कि उसके गायन में कहाँ दोष है? स्वामी हरिदास और तानसेन का बताया कि उसके गायन में कहां दोष है? स्वामी हरिदास और तानसेन का इसी प्रकार का प्रसंग ध्यान आया। उसके बाद निराला ने स्वयं एक दूसरा बँगला-गीत बड़े उच्च स्वर और आरोह-अवरोह के साथ सुनाया। मैं तो शास्त्रीय संगीत का अनाड़ी हूँ पर उनके उस ''प्रलय घन गर्जन स्वर'' और उनके आलाप की प्रकृति से इतना अभिभूत हुआ कि कभी काशी हिन्दू विश्वविद्यालय में सुने पं. ओंकारनाथ ठाकुर के गायन का और उनके भास्वर कण्ठ और उनके आलाप का सहज स्मरण हो आया। निराला वस्तुतः समुद्र से गहरे थे। जिस क्षेत्र को भी उन्होंने स्पर्श किया उसमें वे विलक्षण सिद्ध हुए। इसी विलक्षणता ने उन्हें 'निराला' बनाया था।

मैं इलाहाबाद से आजमगढ़ आकर कुछ दिनों के लिए वकील बन गया था पर साहित्य का नाता टूटा नहीं था। 'साधना' नाम की एक पत्रिका निकाली थी। इलाहाबाद किसी काम से गया था। निराला से मिलना और उन्हें पत्रिका की प्रति देने की इच्छा थी। कमलाशंकर जी के उसी कमरे में पहुँचा। निराला के पाँव छुए और पत्रिका दी। इस बार उन्होंने बैठने का आदेश दिया। सामने की चौकी पर बैठ गया। निराला पत्रिका उलटने लगे। उसमें 'आज' के वरिष्ठ पत्रकार भी मुखराम सिंह का एक लेख था : 'साकेत की उर्मिला'। उसमें वाल्मीकि रामायण का एक श्लोक उद्धृत था। निराला ने मुझसे कलम लेकर उसमें की तीन-चार अशुद्धियों का संशोधन किया। पत्रिका लौटाते हुए कहा : ''संस्कृत जानते हो?' मैंने ''नहीं'' कहा,

तो कहने लगे—"संस्कृत बिना हिन्दी का ज्ञान अधूरा है। अब से संस्कृत भी पढ़ो।" निराला से मेरी यह अन्तिम भेंट थी। उनका आदेश कितना सार्थक था, यह आज भी मैं महसूस करता हूँ पर उसका पालन मैं नहीं कर सका। निराला आधुनिकों में अतिआधुनिक और संस्कृतनिष्ठों में अति संस्कृत पुरुष और पुनर्नवा भारतीय अस्मिता के प्रतीक थे।

राहुल की निराडम्बरी विराटता

राहुल सांकृत्यायन मेरे गाँव धरवारा (जहानागंज) के निकट एक डेढ़ किमी. की दूरी पर स्थित कनैला (चक्रपानपुर) के थे। यह उनका पितृ ग्राम है। ज्यादातर बचपन ननिहाल पंदहाँ (रानी की सराय) में बीता, जन्म भी वहीं हुआ। मिडिल पास करके वहीं से पहली बार भागे भी। भागना, पकड़ा जाना, फिर भागना। बिहार प्रान्त के परसा मठ का महन्त बनना, वैष्णव साधु रामोदास रूप में। प्रारम्भिक नाम केदार पाण्डेय खत्म। फिर आर्यसमाजी, बौद्धभिक्षु और कम्युनिस्ट। इसी क्रम में महापण्डित, त्रिपिटकाचार्य, विश्वप्रसिद्ध लेखक और अट्ठाईस भाषाओं का ज्ञान। जिसके घर में भूँजी भाँग नहीं, वह आसमान छू रहा था। अत: अपने गाँव देहात में राहुल अपनी जवानी में ही एक जीवित मिथक बन गये थे। मैं 1945-46 में मिडिल स्कूल धरवारा में पढ़ता था—उसी काल में हरिऔध जी का निधन हुआ। मेरे एक अध्यापक ने बताया कि राहुल सांकृत्यायन भी इस स्कूल में चार दिन पढ़ चुके हैं। चार दिन की कौन-सी पढ़ायी? कौन राहुल सांकृत्यायन? हरिऔध को हम पाठ्य पुस्तक में पढ़ते थे पर राहुल का नाम तो तब तक सुना नहीं था। श्री रामधनी सिंह मेरे गाँव के थे और उस समय उदयप्रताप कॉलेज, वाराणसी में 11-12 में पढ़ते थे। उन्होंने राहुल जी के बारे में बताया और 'मेरी जीवन-यात्रा' पहला भाग उनके पास था। मैंने कुछ अंश तभी पढ़ा और यह मालूम हुआ कि राहुल, तब के केदार, रानी की सराय में पढ़ते थे। उधर प्लेग का प्रकोप हुआ तो कनैला आ गये थे और वहीं से चार दिन मेरे गाँव के प्राइमरी स्कूल में पढ़ने आये थे। तभी से राहुल को पढ़ने-जानने की जिज्ञासा जगी।

जब मैं इलाहाबाद में एम.ए. का छात्र था तो हिन्दी साहित्य का इतिहास डॉ. धीरेन्द्र वर्मा पढ़ाते थे। आदिकाल के प्रसंग में उन्होंने राहुल जी की सिद्ध-जैन साहित्य की खोजों की चर्चा की और उनके प्रशंसनीय योगदान पर टिप्पणी की और आचार्य हजारीप्रसाद द्विवेदी के 'आदिकाल' में उसका विस्तार से उल्लेख देखा तो लगा कि राहुल में वाकई बड़ी उपलब्धियाँ समायी हैं, क्योंकि साधारणत: प्रोफेसर लोग स्वतन्त्र लेखकों को बहुत कम महत्त्व देते थे। संयोग था कि उन्हीं दिनों किताब महल प्रा.लि. के स्वामी बाबू श्रीनिवासदास के यहाँ गया था—चन्द्रबली पाण्डेय स्मृति ग्रन्थ प्रकाशन हेतु। वे तैयार हो गये। एक और पुस्तक उन्होंने मुझसे लिखाकर छापी। इस बीच यह जानकर कि मैं आजमगढ़ का हूँ, वे राहुल जी की बराबर चर्चा करते थे। राहुल जी की अधिकांश पुस्तकों के वे ही प्रकाशक थे। उनके यहाँ से 'बोल्गा से गंगा' लेकर पढ़ गया। कहानियाँ तो बहुत पढ़ी थीं पर ये अपने ढंग की थीं। इन्हें कहानी कहें, या मानव विकास की कहानी कहें? जो भी हो उनकी विराटता और मौलिकता का आभास मुझे उसी से मिला।

विद्वत्ता के साथ राहुल के व्यक्तित्व का आकर्षण भी कम नहीं था। मैं सुनता था कि राहुल बड़े लम्बे कद-काठी के गौरांग और दिव्य देह-यष्टि पुरुष हैं। मॉडर्न रिव्यू में प्राच्यविद् श्री काशीप्रसाद जायसवाल ने लिखा था : 'राहुल सांकृत्यायन को जैसा आज मैं जानता हूँ वे ऐसे व्यक्ति थे जो बुद्ध से मिलते-जुलते लगते हैं। वे किसी व्यक्ति के प्रति शत्रु भाव नहीं रखते। वे अपने दृष्टिकोण में वैश्विक हैं। वे पूर्ण शान्त हैं। उनको देखकर बालक स्वभावत: उधर दौड़ पड़ते हैं। वे जब कहते हैं—'मेरा अनुसरण करो तो मनुष्य उसी प्रकार उनके पीछे चल पड़ते हैं, जैसे ईसा मसीह और गौतम बुद्ध के पीछे चल पड़ते थे।' यह सब पढ़-सुनकर राहुल को पढ़ने और उन्हें देखने की बड़ी लालसा थी।

1956 में राहुल जी इलाहाबाद में आये थे। मैं एम.ए. प्रथम वर्ष का छात्र था। राहुल जी का विश्वविद्यालय के हिन्दी-विभाग में भाषण हुआ। मैं हालैण्ड हॉल छात्रावास में रहता था। मैंने उनसे मिलकर आग्रह किया कि आप हमारे छात्रावास में भी हमारी साहित्य-परिषद् को

सम्बोधित करें। मैं साहित्य-परिषद् का मन्त्री था। उन्होंने स्वीकृति दी। आये और एक घण्टे का व्याख्यान दिया। उन्हें कोई विषय नहीं दिया गया था पर उनके व्याख्यान का विषय था—'कोई ईश्वर जैसी सत्ता नहीं है।' इसका प्रारम्भ उन्होंने धर्मकीर्ति के 'प्रमाणवार्तिक' के उद्धरण से प्रारम्भ किया था। उन्होंने कहा कि धर्मकीर्ति ने मूर्खता के पाँच लक्षण बताये हैं। उनमें प्रथम है वेद को प्रमाण मानना और चार लक्षण भी बताये जो धर्माडम्बरवाले ही हैं। पूरा भाषण इसी विषय पर केन्द्रित था। विश्वविद्यालय के भाषण में भी उन्होंने इसी विषय को लिया था। तब तक मैंने राहुल जी से परिचय करने की कोई चेष्टा नहीं की थी।

इस व्याख्यान को सुनकर मेरे मन में कुछ प्रश्न उठे और उनसे मिलने की इच्छा हुई पता करने पर मालूम हुआ कि वे आनन्द भवन के आगे लाउदर रोड पर डॉ. बी.एन. प्रसाद के निवास पर रुके हैं। डॉ. प्रसाद प्रयाग विश्वविद्यालय में गणित के प्रोफेसर और विभागाध्यक्ष थे। वे भी विश्व प्रसिद्ध गणितज्ञ थे और आजमगढ़ के मुहम्मदाबाद गोहना के रहनेवाले थे। मैं शाम को वहाँ पहुँचा। बाहर के कमरे में एक चौकी पर राहुल जी बैठे थे। नीचे चादरें बिछी थीं, जिन पर 4-5 लोग बैठे थे। उनमें डॉ. हरदेव बाहरी (हिन्दी-विभाग प्रयाग विश्वविद्यालय) प्रसिद्ध भाषाशास्त्री और विज्ञान के प्रवक्ता डॉ. शिवगोपाल मिश्र उन्होंने 'मृगावती' का सम्पादन भी किया था, को मैं पहचानता था। मैं भी धीरे से पीछे बैठ गया। बाहरी जी उस समय कबीर के द्वारा प्रयुक्त 'खसम' शब्द पर चर्चा चला रहे थे। चर्चा देर तक चली और कहाँ-कहाँ किसने इसका प्रयोग किया है, यही उधेड़-बुन चली। लगता था राहुल बच्चों को पढ़ा रहे हैं। 8 बजे जब सब चले गये, केवल मैं बचा तो राहुल जी ने पूछा "तुम कहाँ से आये?" मैंने उत्तर दिया 'छात्रावास से। एम.ए. हिन्दी में पढ़ता हूँ?' 'रहनेवाले कहाँ के'—'आजमगढ़ के'—'अरे तू आजमगढ़ क हउआ। आजमगढ़ में कहाँ कै?'—'धरवारा क'। अब तो बातचीत का सिलसिला भोजपुरी में चल पड़ा। मैं तो डरा-सहमा था। उनके पाण्डित्य से आतंकित था। अब तो लगा कि जैसे अपने घर के आदमी से बात कर रहा हूँ। सन्देह नहीं वैश्विक व्यक्तित्व और उदार

मानवीय सोच के राहुल में अपनी बोली, अपने गाँव और आजमगढ़ से गहरा लगाव था। तभी 1959 ई. के बाद उन्होंने ज्योतिस्वरूप सिंह के 'कर्मयोगी' साप्ताहिक में 'जनम भूमि मम परम सुहावन' शीर्षक से क्रमश: पचास के लगभग लेख आजमगढ़ पर लिखा था। जो अब सुलभ नहीं है।

बातचीत का सिलसिला चल पड़ा और सब अपनी बोली में। पूछना शुरू किया—'धरवारा में हाईस्कूल खुलल कि ना?' 'नाही', कौउनो जरूरत ना बा, सब चण्डेसर पढ़े जाला।' 'नाहीं, शिक्षा के बड़ा प्रसार होई। उ जरूरी बा—। गाँव-गाँव में डिग्री कॉलेज खुली, लड़किन क खूब स्कूल खुलिहैं। तोहर गाँव त पुरान बा। वहाँ जरूर कॉलेज खुलै के चाही।' उस समय तक कनैला में भी कोई विद्यालय नहीं था। आगे विश्वनाथ पाण्डेय के बारे में पूछना शुरू किया। वे दौलताबाद के बड़े आदमी थे और राहुल के किसी रिश्ते में पड़ते थे। फिर चन्द्रजीत यादव के चुनाव की चर्चा चलाकर बताने लगे कि विश्वनाथ पाण्डेय रामराज्य परिषद् से लड़ रहे थे। मुझसे आशीर्वाद माँगने आये थे। मैंने मना किया पर माने नहीं। चन्द्रजीत का जीतना तय था। विश्वनाथ की जमानत भी नहीं बची। बात तो लम्बी चली। मज़ा भी आता था। इतने विराट् व्यक्तित्व की वह निराडम्बरी सहजता देखकर। पर जो सवाल लेकर गया था, वह तो रह ही गया। लेकिन तब तो डरता था जब आया था। अब डर नहीं था। अत: मैंने कहा : 'मैं एक सवाल पूछने आया था।' 'पूछा पूछा।' मैंने पूछा : 'आपने अपने व्याख्यान में ईश्वर के न होने पर ही पूरी चर्चा की। मैं यह कहना चाहता हूँ कि मेरे पास तो एक भी प्रमाण नहीं है कि मैं सिद्ध कर सकूँ कि ईश्वर है। क्या आप एक भी प्रमाण दे सकते हैं कि ईश्वर नहीं है?' उन्होंने छूटते ही उत्तर दिया : 'नहीं, मेरे पास कोई प्रमाण नहीं है कि ईश्वर नहीं ही है।' मैंने पूछा: 'फिर आप इतने आग्रह से इस विषय को ही क्यों युवकों में प्रतिपादित करते हैं?' उन्होंने कहा : 'देखो, ईश्वर को मानना या न मानना अपनी-अपनी मान्यता की बात है। मैं नहीं मानता, गाँधी जी ईश्वर को मानते हैं। मैं गाँधी जी के प्रति श्रद्धा रखता हूँ। जो ईश्वर मानता है, वह बहुत बुरा

है, ऐसा मैं कभी नहीं कहता। जहाँ तक मेरे द्वारा इस विषय पर जोर देने का सवाल है, वह इसलिए कि ईश्वर का भरोसा आज निराशावाद, भाग्यवाद और अकर्मण्यता का पर्याय बन रहा है। यह ढोंग और निर्जीव कर्मकाण्डों को बढ़ावा देता है। आप लोगों को अनीश्वरता अजीब लगती है, यह आपके संस्कार के कारण है।'

रात के नौ बज चुके थे। भोजन का समय हो गया। डॉ. प्रसाद भी कक्ष में शायद बुलाने आ गये, पर जिस धैर्य से उन्होंने मुझे समझाया और अपने विपरीत मान्यताओं के प्रति आदर व्यक्त किया, वह उनकी विशाल-हृदयता का प्रतीक था। बाद में उनके सम्पर्क के लोगों ने भी उनकी सहजता की उल्लेख किया। प्रभाकर माचवे उनके पर्याप्त सम्पर्क में रहे। उन्होंने लिखा है कि हिन्दी साहित्य सम्मेलन, प्रयाग के अतिथि-कक्ष सत्यनारायण कुटीर में राहुल जी ठहरे थे। एक दिन दोपहर में पं. रामनरेश त्रिपाठी के साथ वहीं बातचीत चल रही थी। मुझे खीरा खरीदने के लिए भेजा गया। खीरा के साथ नमक लाना भूल गया। त्रिपाठी जी ने कहा 'अरे, तुम नमक नहीं लाये?' इस पर राहुल जी ने कहा : 'इसमें तो ईश्वर ने ही नमक मिला रखा है।' त्रिपाठी जी ने उलटवार किया : 'आप तो ईश्वर नहीं मानते हैं, वह कहाँ से आ टपका?' राहुल जी ने कहा : 'कभी-कभी आप लोगों से उधार ले लेता हूँ।' इसी प्रकार इन प्रश्नों पर वे सहज रहते थे।

हैदराबाद में हिन्दी साहित्य सम्मेलन के अधिवेशन में गये थे तो डॉ. उदय नारायण तिवारी (भाषाविद्) सत्यनारायण मन्दिर दर्शन को जा रहे थे। राहुल जी साथ गये। प्रसाद चढ़ाने के लिए फूल-फूल खरीदने तिवारी जी गये तो राहुल जी ने कहा कि ये दस रुपये लीजिये। मेरी ओर से भी प्रसाद चढ़ा दीजियेगा। तिवारी जी ने कहा कि आप ईश्वर को नहीं मानते फिर प्रसाद कैसा? उन्होंने कहा कि 'निजाम हैदराबाद ने मन्दिर में ताला लगवा दिया था। भारत स्वतन्त्र होने पर यह ताला खुला है। मेरा प्रसाद विचार और मान्यता की स्वतन्त्रता की खुशी का प्रसाद हैं।' इतनी विशाल-हृदयता उनमें थी। मैं भाग्यशाली हूँ कि मुझे प्रत्यक्षत: वह विशालता देखने को मिली थी।

दूसरी बार 1951 ई. में फरवरी में उन्होंने आजमगढ़ का दौरा किया था। उस समय आजमगढ़ गजेटियर कमेटी के सदस्य के नाते आये थे पर उन्होंने 11 फरवरी से 16 फरवरी तक आजमगढ़ के महत्त्वपूर्ण पुरातात्त्विक स्थानों का भ्रमण किया। इस भ्रमण का विवरण, उन्होंने हिन्दी साहित्य सम्मेलन की त्रैमासिकी 'सम्मेलन-पत्रिका' में 'आजमगढ़ की पुरातात्त्विक यात्रा' के रूप में प्रकाशित कराया था। इस यात्रा में वे अपने जन्म ग्राम (ननिहाल) पन्दहाँ भी गये और अपने पितृग्राम कनैला भी।

इस यात्रा में कनैला में राहुल जी ने अपनी प्रथम विवाहिता से मिलने का भी निश्चय किया था। मिडिल पास करके जब से वे पहली बार घर से भागे थे, उसके बाद इस महिला को उन्होंने कभी देखा भी नहीं था। इसे अपना विवाह भी वे नहीं मानते थे क्योंकि अबोध केदार का रामदुलारी से विवाह बाल-विवाह का कोढ़ था। उसका दण्ड जो रामदुलारी को झेलना पड़ा, उसके लिए समाज-व्यवस्था के सिवा कौन दोषी है। पर तार्किक राहुल भी उम्र ढलने के साथ रामदुलारी की दुर्दशा पर दु:खी थे और उन्हें आन्तरिक पीड़ा भी थी। इस प्रवास के सन्दर्भ में उन्होंने अपनी 'आजमगढ़ की पुरातात्त्विक यात्रा' में लिखा : ''कनैला छोड़ने के पहले अपनी प्रथम परिणीता को देखने का निश्चय कर चुका था। वह अब चारपाई पकड़े थीं। देखकर करुणा उभर आना स्वाभाविक था। आखिर मैं ही कारण था जो इस महिला का आधी शताब्दी का जीवन कितना नीरस और दुर्भर हो गया। मैं प्रायश्चित करके भी उनको क्या लाभ पहुँचा सकता था? एक बार देखा। वह अपने आँसुओं को रोक न सकीं, फिर मैं घर के बाहर चला आया।'' (सम्मेलन-पत्रिका सं. 2015) इन शब्दों में 'करुणा' और 'प्रायश्चित' राहुल के मन की पीड़ा के व्यंजक हैं।

बाद में जब उनका कहानी-संग्रह 'कनैला की कथा' प्रकाशित हुआ तो उसको उन्होंने 'अपनी प्रथम परिणीता' को समर्पित करते हुए पश्चाताप की उपर्युक्त भाषा ही समर्पण में लिखी थी। गरज यह कि जीवन की इस दुर्घटना का दर्द भी उन्हें था। जब मैंने यह विवरण पढ़ा तो मुझे उत्सुकता हुई कि कनैला जाकर 50 वर्षों से परित्यक्ता का जीवन व्यतीत करती उस महिला का दर्शन करूँ, जिसका बाल-विवाह केदार पाण्डेय (राहुल) से

कभी हुआ था। मैं कनैला गया। वहाँ श्यामलाल और रामधारी दो राहुल के कनिष्ठ भाई रहते थे। श्यामलाल जी के घर में रामदुलारी रहती थी। जब मैं पहुँचा तो घर के बाहर ओसारे (कच्चे मकान के बरामदे) में श्यामलाल चारपाई पर बैठे थे और वहीं उनकी भाभी रामदुलारी एक काठ की बाँहदार कुर्सी पर बैठी थीं। मैं गया तो श्यामलाल जी से अपना परिचय और मन्तव्य बताया। उन्होंने इशारे से बताया कि यही भाभी हैं। रामदुलारी उठीं और घर के भीतर चली गयीं। वे राहुल से ज्यादा गोरे रंग और उन्हीं की तरह सुदीर्घ लम्बाईवाली थीं। युवावस्था में बहुत सुन्दर रही होंगी। अब तो कमर झुककर नब्बे अंश हो गयी है और लाठी लेकर चलने की स्थिति थी।

उनके जाने के बाद श्यामलाल जी ने बताया कि जब से राहुल जी चले गये, ये एक सात्त्विक जीवन व्यतीत करती हैं। दिन एकाध फल और रात में स्वल्प भोजन जिससे शरीर चल सके, यह क्रम है। दिन अधिकतर भजन-पूजन में बीतता है। उन्होंने कभी-राहुल को कोसा नहीं और न कभी जबान खोली। एक बार उनके मायके में भाइयों में सम्पत्ति का विवाद छिड़ा और कचहरी में मुकदमेबाज़ी हुई। एक पक्ष ने चाहा कि ये कचहरी में चलकर बयान दें और उन्होंने कुछ देने का प्रलोभन भी दिया था। पर भाभी ने साफ इन्कार कर दिया और कहा कि मुझे यहाँ और वहाँ, कहीं से भी कुछ लेना-देना नहीं है और इस विवाद में मैं कोई बयान भी नहीं देने जाऊँगी। श्यामलाल जी ने अपनी भाभी की बड़ी सेवा की। उन्होंने यह भी बताया कि राहुल जी की कोई भी पुस्तक छपती थी तो उसकी एक प्रति वे गाँव पर श्यामलाल जी के पास भेजते थे और वे पुस्तकें उनके पास सुरक्षित रहीं। श्यामलाल जी के पुत्र कैलाश पाण्डेय ने भी राहुल जी की पुस्तकों को सँभालकर रखा है। उनकी संस्कृत में लिखी दैनन्दिनी भी कनैला में सुरक्षित है।

वर्ष 1958 में राहुल जी फिर इलाहाबाद आये थे। इसके सालभर पहले फरवरी, 1957 में वे इलाहाबाद होकर आजमगढ़ गये थे। दुबारा भी शायद आजमगढ़ ही उसी सिलसिले में जाना था। मुझे समाचार मिला तो मैं उनसे मिलने लाउदर रोड पर डॉ. बी.एन. प्रसाद के बँगले पर गया।

रास्ते में भरद्वाज आश्रम के पास श्रीनिवास अग्रवाल मिल गये। उन्होंने चाय की दूकान पर मुझे भी एक कप चाय का आफर दिया। उन दिनों वे भरद्वाज आश्रम के पास ही लाल कोठी में रहते थे। बाद में ए.जी. ऑफिस के उत्तर उनकी हवेली बन गयी। उन्होंने चाय पीते-पीते पूछा : 'कहाँ जा रहे हो?' मैंने बताया 'सुना है राहुल जी आये हैं, उन्हीं का दर्शन करने जा रहा हूँ।' उन्होंने कहा : 'तुम्हारे राहुल जी (आजमगढ़ के सम्बन्ध से) इस समय बहुत दु:खी हैं। क्योंकि कमला (सांकृत्यायन) और गुणाकर मुले की आपसी प्रगाढ़ता इतनी बढ़ गयी है कि राहुल जी भीतर से बहुत कष्ट में हैं।' मेरे लिये यह चौंकानेवाली बात थी पर मैंने इसका विश्वास नहीं किया। यद्यपि राहुल जी के निर्वाण के पश्चात् इस तथ्य की पुष्टि ही हुई। विष्णुचन्द्र शर्मा ने अपनी पुस्तक में 'राहुल का भारत' में इस प्रसंग का जिक्र किया है।

मैं राहुल के पास पहुँचा तो थोड़े ही जन वहाँ थे। उनमें मैं डॉ. विजयदेव नारायण साही को पहचानता था जो प्रयाग विश्वविद्यालय में अंग्रेज़ी के अध्यापक थे और अच्छे वक्त थे। मुझे देखते ही राहुल जी पहचान गये। नाम तो याद नहीं था पर धरवारा का सम्बन्ध याद था। देखते ही भोजपुरी में चालू हो गये : "काहो, धरवारा का हाल-चाल बतावा।... हम त आजमगढ़ गएल रहलीं। आजमगढ़ में ज्योतिस्वरूप और चन्द्रशेखर त्रिपाठी (जस्टिन ब्राडवे का भारतीय नामकरण) मिलल रहलैं। दौलताबाद के विसुनाथ पाण्डेय अउर किसुनपुर के बलभद्दर सिंह काफी साथे-साथे घुमलैं।" इस बार तो मेरे पास न कोई सवाल था और न उनकी प्रतिभा की परख की क्षमता। खरीदकर 'कनैला की कथा' ले गया था—डरते-डरते उसे उनके आगे बढ़ाते हुए, निवेदन किया कि इस पर अपना हस्ताक्षर कर दें। उन्होंने उस पर लिख दिया 'प्रिय कन्हैया सिंह को सप्रेम—राहुल सांकृत्यायन'। मुझे तो मानो बड़ी भारी थाती मिल गयी। मैं उसे लेकर अपने छात्रावास आ गया।

1992 में हम लोगों ने उनकी जन्मशताब्दी 9 अप्रैल को उनके पितृग्राम कनैला में आयोजित की जिसमें सांसद चन्द्रजीत यादव, पं.

विद्यानिवास मिश्र, तिब्बती के विद्वान् श्री सद्दोङ्ग रिनपोछे आदि दर्जनों धुरन्धर विद्वान् एकत्र हुए और यह उनकी जन्मशती का पहला आयोजन था फिर तो सारे देश में कार्यक्रम हुए। 1993 में हमने उ.प्र. हिन्दी संस्थान के सहयोग से जन्मशती समापन का दो दिवसीय कार्यक्रम डी.ए.वी. कॉलेज में किया। जिसके उद्घाटनकर्त्ता संस्कृत विश्वविद्यालय के कुलपति व्यंकटाचलम् शास्त्री थे और मुख्य वक्त हिन्दी के श्रेष्ठ ललित निबन्धकार श्री कुबेरनाथ राय थे। राहुल जी के इन कार्यक्रमों में मैं तन्मयता से लगा था, उसका कारण था कि राहुल के पाण्डित्य, राष्ट्रप्रेम और राष्ट्रभाषा प्रेम के साथ ही मैं उनके निर्मल मोहक व्यक्तित्व से बहुत प्रभावित रहा हूँ, क्योंकि उनका जीवन एक खुली किताब जैसा रहा और उनकी विराटता इतनी निराडम्बरी थी कि उसकी जोड़ का कोई दूसरा नमूना मुझे नहीं मिला।

आचार्य हजारीप्रसाद द्विवेदी

मैं इण्टरमीडिएट का छात्र था। हजारीप्रसाद द्विवेदी को इतना ही जानता था कि वे हिन्दी के एक आलोचक हैं। वह भी इतना कम जानता था कि आज के घामड़ छात्रों की तरह कभी-कभी महावीरप्रसाद द्विवेदी और हजारीप्रसाद द्विवेदी में घालमेल कर देता था। उसी समय हिन्दी साहित्य सम्मेलन की साहित्यरत्न परीक्षा में 'हिन्दी साहित्य की भूमिका' पढ़ने का सुयोग हुआ। आचार्य शुक्ल का इतिहास उस समय जैसा-तैसा पढ़ गया था और सब इतिहास उसी ढंग के। अब यह भूमिका पढ़कर मैं हजारीप्रसाद द्विवेदी की विद्वत्ता से आतंक की सीमा तक प्रभावित हुआ। एक नये ढंग से इतिहास की सोच, सामग्री के आलोड़न से तार्किक निष्कर्ष, अपनी उर्वर कल्पना से। अतीत को वर्तमान से जोड़ने की समृद्ध अन्तर्दृष्टि और साहित्य के समाज-पक्ष का गहराई से विश्लेषण पुस्तक को बार-बार पढ़ने की प्रेरणा के साथ लेखक को और पढ़ने और जानने की जिज्ञासा जग गयी।

संयोग ही था कि 'साहित्यरत्न की परीक्षा का मेरा केन्द्र काशी हिन्दू विश्वविद्यालय में पड़ा और वहाँ के केन्द्राध्यक्ष थे—पं. गयाप्रसाद ज्योतिषी। मेरे बड़े भाई दानबहादुर सिंह वहीं बी.ए. में पढ़ते थे और बिड़ला छात्रावास में रहते थे। परीक्षा दशहरे के अवकाश में थी। भाई साहब तो घर आ गये थे पर उनके कमरे का उपयोग मैंने उन दिनों किया। उसी समय विश्वविद्यालय का दीक्षान्त समारोह सम्पन्न हुआ था और दीक्षान्त समारोह के क्रम में एक दिन एक कवि-सम्मेलन का आयोजन भी हुआ था। मैं भी अकेलेपन की ऊब मिटाने के लिए

कवि-सम्मेलन के पण्डाल में पहुँचा। छात्रगण कविता कम सुनते थे, शोर ज्यादा करते थे। खास तौर से अच्छे गायक या हास्य वीर रसवालों को छोड़कर सब को बोर-बोर' कहकर हंगामा कर रहे थे। बीच ही में मंच पर संचालक ने घोषणा की कि आचार्य हजारीप्रसाद द्विवेदी आपसे कुछ कहना चाहते हैं। लहीम सहीम शरीर और धोती कुर्ता के साथ कन्धे पर एक तह की हुई चादर, बाल कुछ खड़े बड़े पीछे की ओर मुड़े आचार्य जी माइक के सामने और पण्डाल में अद्‌भुत सन्नाटा। सभी के कान माइक पर। गम्भीर स्वर में आचार्य जी ने कहा, मुझे आपसे कुछ नहीं कहना है। मैं आचार्य श्री नरेन्द्रदेव जी (तत्कालीन कुलपति) का सन्देश आपको देने आया हूँ। आप जानते हैं कि आचार्य जी आजकल अस्वस्थ हैं और कुलपति निवास में हैं। आपका शोर वहाँ तक पहुँच रहा है और उनके सोने में बाधा पड़ रही है। अत: उनका सन्देश है कि आप कविता तो सुनें पर शान्ति से सुनें, शोर न हो। इतना कह करके मंच से चले गये। रात के 12 होंगे। कवि- सम्मेलन 2-3 बजे तक चला पर कैसा भी कवि आया विश्वविद्यालय के छात्रों ने कदापि शोर नहीं किया। मेरे लिये यह बड़ा अनुभव था। दो आचार्यों के व्यक्तित्व का कैसा प्रभाव था कि बिगड़ैल छात्रों पर भी जादू जैसा असर हुआ। मुझे लगा कि महात्माओं के संघ के सम्मुख सचमुच सिंह भी नतमस्तक हो जाते हैं, यह कथन भी सत्य ही होगा।

भाई साहब से भी द्विवेदी जी के व्यक्तित्व के बारे में सुना करता था। नामवर जी उन दिनों एम.ए. के छात्र थे। भाई साहब बताते हैं कि द्विवेदी नामवर को बहुत मानते हैं। नामवर उन दिनों कविता भी रचते थे और सुनाते भी थे। वे केवल रट्टू और नम्बर बटोरू छात्र नहीं थे बल्कि बड़े प्रत्युत्पन्नमति थे। एक बार मैं कार्य-दिवस पर वहाँ गया था। भाई साहब चन्द्रजीत यादव, रामवृक्ष सिंह आदि के साथ परिसर में घूम रहा था। रास्ते में नामवर जी मिल गये। कुछ देर बाद घूम-फिरकर हम आगे गये तो फिर नामवर मिल गये। भैया ने कहा लो ये फिर मिल गये। नामवर ने चट से जोड़ा अरे भाई दुनिया गोल है न।

साथी कहते थे कि यह यायावर हैं—प्रायः सड़क पर मिल जाता है पता नहीं कब पढ़ता है। पर ऐसा कुछ है इसमें कि द्विवेदी जी इसे बहुत मानते हैं। द्विवेदी जी प्रतिभा की परख में बेजोड़ थे। नामवर जी, शिवप्रसाद सिंह, त्रिभुवन सिंह आदि कितने ही छात्रों की प्रतिभा को उन्होंने छात्र जीवन में ही पहचान लिया था और उनके मोहक व्यक्तित्व का बड़ा दूरगामी प्रभाव उनके शिष्यों पर पड़ा था।

आचार्य जी जब काशी हिन्दू विश्वविद्यालय में आये थे तो उनका बड़ा विरोध हुआ था। कोशिश तो यह थी कि वे यहाँ जमने न पावें और फिर शान्ति निकेतन लौट जाये। आचार्य विश्वनाथ प्रसाद मिश्र काशी की विद्वत् परम्परा के एक मूर्द्धन्य पण्डित विभाग में थे पर बाहर से विभागाध्यक्ष बुलाया जाये यह मिश्र जी के समर्थकों को पसन्द नहीं था। मिश्र जी के रहते ज्योतिषाचार्य हजारीप्रसाद द्विवेदी अध्यक्ष बनें जिनके पास हिन्दी की कोई डिग्री भी नहीं। कमाल यह कि श्यामसुन्दरदास और रामचन्द्र शुक्ल के समय में जो दो पक्ष अध्यापकों के बने थे और एक दूसरे के विरुद्ध मौन कम, मुखर ज्यादा थे। वे द्विवेदी जी के विरोध में एक साथ खड़े थे। प्रवक्ता की नियुक्ति में पं. चन्द्रबली पाण्डेय और श्री जगन्नाथ प्रसाद शर्मा प्रतिद्वन्द्वी थे। पाण्डेय जी शुक्ल जी के और शर्मा श्यामसुन्दर दास के समर्थित प्रत्याशी थे। शर्मा चुने गये और पाण्डेय जी को श्यामसुन्दर दास ने काट दिया। पर अब दोनों द्विवेदी-विरोधी थे। पाण्डेय जी लेखनी से द्विवेदी जी की कटु-से-कटु आलोचना करते और शर्मा जी विभाग में षड्यन्त्रों से। विश्वनाथ जी प्रत्यक्ष तो गुटबन्दी में नहीं थे पर अपनी विद्वत्ता के अहं में तने रहते और द्विवेदी जी को घास नहीं डालते थे। पर द्विवेदी जी अपने प्रतिभाशाली शिष्यों, अपनी ऊर्जस्वी वक्तृता और अपनी सागर-सी गम्भीरता और सहनशीलता के चलते अंगद के पाँव की तरह जमें रहे। एक बार चन्द्रबली पाण्डेय ने उनके 'हिन्दी साहित्य' पर बड़ी तीखी भाषा में आलोचना की और उसकी ऐतिहासिकता और तिथि-काल की विसंगतियों पर करारा व्यंग्य किया तो द्विवेदी जी के शिष्यों ने उन्हें सूचित करते हुए उत्तर-प्रत्युत्तर की आज्ञा माँगी। आचार्य जी ने हँसकर

कहा 'अरे! चन्द्रबली जी का उत्तर-प्रत्युत्तर करना चाहते हो! उनकी बातों का कोई बुरा नहीं मानता है। पाण्डेय जी ब्रह्मचारी हैं और ब्रह्मचारी रातभर स्वयं से लड़ता है और दिनभर दूसरों से लड़ता है।' यह कहकर ठहाका मारकर हँसे और लेख की कटुता को स्पर्श भी नहीं होने दिया। बताते हैं कि आचार्य जी रीतिकालीन कवियों, काव्यशास्त्र, भाषाशास्त्र के प्रश्नों पर सहज ढंग से कक्षा में अपने शिष्यों से कहते थे कि यह विश्वनाथप्रसाद जी मिश्र से समझ लें वे इन विषयों के पण्डित हैं पर विश्वनाथ जी कभी भूलकर भी द्विवेदी जी की प्रशंसा में एक शब्द नहीं कहते थे।

मुझे 1957 में प्रयाग विश्वविद्यालय की एम.ए. की परीक्षा के पश्चात् मौखिकी देनी थी। डॉ. धीरेन्द्र वर्मा आन्तरिक परीक्षक थे और बाह्य थे आचार्य हजारीप्रसाद द्विवेदी। धीरेन्द्र जी तो अपने शिक्षक ही थे पर द्विवेदी जी जैसे विद्वान की उपस्थिति में बड़ा डर लगता था। कमरे में पहुँचकर बैठा तो धीरेन्द्र जी ने इशारा किया कि पूछिये। आचार्य जी ने पूछा विशेष प्रश्नपत्र क्या था? उत्तर दिया 'पाठालोचन'। 'माताप्रसाद गुप्त के लेक्चर्स के अतिरिक्त भी कुछ पढ़ा है? 'हाँ रामचरितमानस के पाठ पर सारी सामग्री, कवित्त रत्नाकर का पाठ, पद्मावत का पाठ आदि को पढ़ा है और जगन्नाथ दास रत्नाकर के 'बिहारी रत्नाकर' के पाठ को भी पढ़ा है। मैंने जान-बूझकर बिहारी रत्नाकर का नाम आखिर में धीरे से लिया था कि स्वभावतः उसी पर प्रश्न पूछा जायेगा, द्विवेदी जी ने झट से पूछ लिया कि बिहारी रत्नाकर के पाठ पर अपनी राय बताइये। मैंने बताया कि बिहारी रत्नाकर का पाठ भाषा की दृष्टि से अच्छा नहीं है, उसमें प्रयोग की एकरूपता लाने का काम रत्नाकर जी ने किया है। साथ ही दोहों के क्रम को सजाने में भी अपनी कल्पना का सहारा उन्होंने लिया है। बिहारी के सम्पादन पर रत्नाकर जी के लेख जो सभा की ना.प्र. पत्रिका में छपे थे वे 'कविवर बिहारी' नाम से प्रकाशित थे और उसकी भूमिका द्विवेदी जी ने लिखी थी। मैंने अपने मत की पुष्टि में उन्हें दो बार उद्धृत भी किया। बीच-बीच में कुछ प्रतिप्रश्न भी पूछे गये। यथासम्भव उत्तर भी दिया।

अब द्विवेदी जी ने धीरेन्द्र जी से कहा आप कुछ पूछिये। उन्होंने किसी शब्द की व्युत्पत्ति पूछी और द्विवेदी जी से और प्रश्न करने को कहा।

द्विवेदी जी ने हँसकर कहा कि इस लड़के से तो पूछने में डर लगता है। इसने इतना अधिक मुझे ही उद्धृत कर दिया है कि आगे पूछने की हिम्मत नहीं पड़ती। मुझे लगा कि कहीं मेरी इस चालाकी से मुझे हानि न उठानी पड़े। मैंने कहा कि मैंने केवल आपको प्रसन्न करने की दृष्टि से आपका उद्धरण नहीं दिया अपितु आपके प्रश्न के उत्तर में यह उद्धरण प्रासंगिक था। इस पर खूब ठहाका लगाकर हँसते हुए आचार्य जी ने कहा—हाँ हाँ मानता हूँ कि तुमने चाटुकारिता नहीं की पर मेरे मत का खण्डन भी तो नहीं किया? मैंने कहा कि वह तो मेरे सहमति का विषय था पर यदि आप 'संक्षिप्त पृथ्वीराज रासो' के सम्पादन पर मुझसे प्रश्न करते तो मेरा उत्तर असहमति का और आलोचनात्मक होता। इस पर फिर उन्मुक्त 'हा-हा' करते हँसते हुए बोले 'बस भइया अब जाओ। बहुत हो गया।' परीक्षा में भी विनोद, हँसी और छात्र को भी प्रोत्साहन यह उनके संवेदनशील उदार व्यक्तित्व की विशेषता थी।

57 के बाद 68 में पुनः पी-एच.डी. की मौखिकी में मुझे परीक्षक के रूप में उनका सामना करना पड़ा। मेरे निदेशक डॉ. गोपीनाथ तिवारी विभागाध्यक्ष गोरखपुर विश्वविद्यालय थे। मैं उन दिनों डी.ए.वी. कॉलेज आजमगढ़ में हिन्दी का विभागाध्यक्ष था। पहले मेरे निदेशक डॉ. केसरी नारायण शुक्ल थे जिनसे मेरी अनबन हो गयी थी और मैंने तय किया था कि अब पी-एच.डी. नहीं करूँगा। तब तक 67 में मैं आगरा विश्वविद्यालय की कन्हैयालाल माणिकलाल मुन्शी हिन्दी तथा भाषाविज्ञान विद्यापीठ में प्रवक्ता होकर चला गया। सोचा था कि अब वहीं पी-एच.डी. भी करूँगा। डॉ. माताप्रसाद गुप्त (निदेशक-विद्यापीठ) ने बताया कि डॉ. केसरीनाथ शुक्ल वापस लखनऊ चले गये और अब डॉ. तिवारी अध्यक्ष हो गये हैं। तब मैंने हिम्मत की और निदेशक परिवर्तित कराकर काम पूरा किया। तिवारी जी का बड़ा स्नेह

मुझ पर था। वे चाहते थे कि मेरा काम स्तरीय हो। मेरी थीसिस की एक-एक पंक्ति सुनकर उन्होंने टाइप कराने की इजाजत दी थी। अत: वे चाहते थे कि मेरे परीक्षक भी हिन्दी-जगत् के प्रतिष्ठित आचार्य हों। अत: उन्होंने डॉ. हजारीप्रसाद द्विवेदी और डॉ. रामकुमार वर्मा को परीक्षक नियुक्त कराया। छह महीने तक जब इसमें से किसी की रिपोर्ट नहीं आयी और दीक्षान्त की तिथि निश्चित हो गयी तब उन्होंने मुझे बताया कि तुम्हारे परीक्षक ये लोग हैं और दोनों ही साल दो साल भी रिपोर्ट भेजने में लगा देते हैं। अब संकट ऐसा कि डॉ. रामकुमार वर्मा तक तो बात बन सकती थी क्योंकि वे मेरे अध्यापक थे और मुझे खूब जानते और मानते थे पर द्विवेदी जी से कौन कहे? डॉ. वर्मा की रिपोर्ट इसी बीच स्वत: आ भी गयी। मैंने आगरा में अपनी विद्यापीठ के पाण्डुलिपि संग्रहालय के अधिकारी पं. उदयशंकर शास्त्री से अपनी कठिनाई बतायी और तिलकधारी कॉलेज जौनपुर के प्राचार्य डॉ. हृदय नरायण सिंह एम.एल.सी. से कहा, जो हिन्दू विश्वविद्यालय की कार्यकारिणी के सदस्य भी थे और द्विवेदी जी उस समय विश्वविद्यालय के रेक्टर थे। अत: प्राय: कार्यकारिणी में श्री सिंह से उनकी भेट भी होती रहती थी। अत: आगरा से इन्हें पत्र लिखा कि वे आचार्य द्विवेदी से आग्रह कर दें। उन्होंने महीनों बाद पत्रोत्तर दिया कि शीघ्र रिपोर्ट भेजने के लिए कहने में यह ध्वनि भी छिपी रहती है कि अनुकूल रिपोर्ट भेजें। इस नाते मैं अभी तक उनसे कुछ भी न कह सका। सिंह साहब बड़े सिद्धान्तवादी थे। यद्यपि उनकी द्विवेदी जी से खूब बैठती थी और मुझे भी बहुत मानते थे। मैंने दूसरा पत्र लिखा, 'आप शीघ्र रिपोर्ट की बात कह दें साथ ही यह भी कह दें कि कैसी रिपोर्ट भेजी जाय इसकी कोई सिफारिश नहीं है।' तब कुछ दिन बाद उनका पत्र आया कि द्विवेदी जी से बात हो गयी है एक सप्ताह बाद वे रिपोर्ट भेज देंगे और रिपोर्ट आ गयी।

अब मौखिकी के लिए श्री कुलपति जी ने आचार्य जी का ही नाम स्वीकार किया। निर्धारित तिथि को दो दिन शेष थे पर आचार्य जी का कोई स्वीकृति सन्देश नहीं आया। डॉ. तिवारी ने मुझसे कहा कि तुम

वाराणसी जाकर पता करो कि पण्डितजी आ रहे हैं कि नहीं? मैं काशी गया। रवीन्द्रपुरी में उनके घर गया। संयोग से घर पर केवल श्रीमती डॉ. द्विवेदी थीं। उनसे मैंने पूछा क्या आचार्य आज गोरखपुर जानेवाले हैं? उन्होंने कहा 'हाँ रात की ट्रेन से गोरखपुर जानेवाले तो हैं। मैंने बताया कि मैं गोरखपुर से आया हूँ, केवल यही पता करना था। मैंने यह नहीं बताया कि मैं कौन हूँ। अब मैं भी वाराणसी कैण्ट स्टेशन पर उसी गाड़ी पर आ गया। मेरा स्लीपर में आरक्षण था। गाड़ी खुलने का समय पाँच मिनट था पर अभी पण्डितजी का कोई पता नहीं। मैं प्लेटफार्म पर व्याकुलता से उनकी राह देख रहा था। दो मिनट पहले वे आ गये। कई लोग पहुँचाने आये थे। वे प्रथम श्रेणी डिब्बे में घुसे। मैं दूर से देख रहा था। उनके बाद मैं अपने डिब्बे में पहुँचा और आश्वस्त हो गया कि कल मेरी मौखिकी हो जायेगी।

प्रातःकाल गोरखपुर जंक्शन के प्लेटफार्म पर गाड़ी पहुँची तो वहाँ डॉ. तिवारी, डॉ. भगवतीप्रसाद सिंह, डॉ. रामचन्द्र तिवारी आदि कई प्राध्यापक स्वागतार्थ आये थे। मैं शीघ्रता से उतरा और दौड़कर डॉ. तिवारी जी को सूचित किया कि आचार्य जी आ गये हैं और तब तक आचार्य जी अपने डिब्बे के बाहर आ गये। मैं धीरे से वहाँ से खिसक गया। मैंने पूरी कोशिश की कि मुझे देख न सकें और यह न लगे कि मैं उनके साथ ही छाया की तरह चल रहा हूँ। पर मेरे आश्चर्य का ठिकाना न रहा जब डॉ. तिवारी ने मुझे बताया कि द्विवेदी जी ने प्लेटफार्म पर उतरते उनसे कहा कि तिवारी जी अभ्यर्थी भी मेरे अंगरक्षक के रूप में साथ-साथ इसी ट्रेन से आया है और ठहाका लगाकर कहने लगे कि मेरी इच्छा हुई कि ट्रेन में ही बुलाकर उसकी मौखिकी सम्पन्न कर लूँ ताकि आपका काम हल्का हो जाय।' मुझे लगता है, घर पर श्रीमती जी ने गोरखपुर से किसी के आने की बात बतायी होगी और मेरा प्लेटफार्म पर तिवारी जी से मिलना उन्होंने देख लिया होगा। उन जैसे प्रज्ञावान् आचार्य के लिए यह अनुमान सहज था और काम हल्का करने के कथन में तिवारी जी की अभ्यर्थी में विशेष रुचि पर सूक्ष्म व्यंग्य भी।

मौखिकी प्रारम्भ हुई विषय के शीर्षक से ही। विषय था 'हिन्दी सूफी काव्य में हिन्दू संस्कृति'। पण्डितजी ने पूछा: यदि आप हिन्दू संस्कृति के स्थान पर भारतीय संस्कृति रखते तो भी कोई अन्तर नहीं पड़ता। मैंने कहा अन्तर तो नहीं पड़ता पर मैंने यह नाम इसलिए रखा कि मुसलमान सूफी कवियों ने हिन्दू संस्कृति और जीवन को कैसा निरूपित किया, यह मेरे अनुशीलन का विषय है।' ज्ञातव्य है कि द्विवेदी जी भारतीय संस्कृति शब्द के पक्षधर थे वे अपनी संस्कृति को एक सामाजिक संस्कृति मानते थे। उन्होंने कहा 'चलो ठीक है। अच्छा यह बताओ कि तुम लिखते हो जायसी को भारतीय धर्म–दर्शन का ज्ञान था। मुझे तो लगता है कि उन्होंने सुनी–सुनायी बातों के आधार पर हिन्दू धर्म–दर्शन की बातें लिखी हैं। मैंने उत्तर दिया : 'यह तो मैं नहीं कह सकता कि उन्होंने सुन–सुनाकर हिन्दू धर्म–दर्शन के बारे में जाना या पढ़कर। पर ज्ञान तो उन्हें था ही। अब द्विवेदी जी ने कहा 'अगर ज्ञान था तो इन्द्र बसहिं कबिलास' जैसा कथन वे कैसे करते। स्वर्ग और कैलास को उन्होंने बार–बार एक ही बताया है। भारतीय धर्म का मामूली ज्ञान भी जिसे होगा, वह ऐसा नहीं लिखेगा। मैंने कहा 'शोध प्रबन्ध में मैंने इसकी चर्चा की है। वस्तुत: कैलास (कबिलास) प्रतीक शरीर के शीर्ष भाग का और वही स्वर्ग भी है। इसे ब्रह्म को स्वर्गद्वार (सरगदुआरी) इसीलिए कहा है। हठयोग की बातों, उनके प्रतीकों आदि का उपयोग करके वे योग पर प्रेम तत्त्व का प्रभावी होना दिखाना चाहते थे।' प्रश्न था बिना कैलास और स्वर्ग के घालमेल के भी तो यह हो सकता था? मैंने कहा यह घालमेल नहीं सामंजस्य और समन्वय है। सरग इन्दर डरि काँपै, वासुकि डरयो पताल में स्वर्ग में इन्द्र के होने की बात साफ कही गयी है। शैवमतावलम्बी हठयोगी स्वर्ग लोक के स्थान पर शिवलोक गमन की बात करते हैं। पर जायसी को न शिव से मतलब था न इन्द्र से उन्हें तो मतलब था सूफी प्रेममार्ग से, जिससे यह सुखबासी सेज (परम आनन्द या हकीकत) प्राप्त होती है जिसे शैव शिवलोक और सनातनी स्वर्ग कहता है। द्विवेदी जी ने कहा चलो ठीक है, यह तुम्हारी दृष्टि है। तिवारी जी ने कुछ नहीं पूछा

और आदेश हुआ तुम जा सकते हो। मैंने जाने के पूर्व आचार्य जी से कहा मेरी एक शंका है, यदि आदेश हो तो पूछूँ। आप जैसे अधिकारी व्यक्ति ही इसे बता सकते हैं। अब पण्डितजी अपने सहज बनारसी रंग में आ गये। कहाँ 'तिवारी जी इनका वाइबा तो खत्म हो गया अब मेरा वाइबा शुरू। 'हहहस अटूट हास'। अब मैं क्या पूछता, उठा और प्रणाम करके चलता हुआ।

उसी दिन सायंकाल पन्त भवन के व्याख्यान हॉल में उनका व्याख्यान था। हाल में सीढ़ीनुमा क्रमश: ऊँचाई पर जाते हुए बेंच लगे थे। व्याख्यान प्रारम्भ ही हुआ था कि लाउडस्पीकर जबाब दे गया। स्वभावत: शोर होने लगा। द्विवेदी जी बोल रहे थे पर आवाज ऊपर की पंक्ति तक नहीं पहुँच रही थी। उन्होंने कहा मेरी एक बात सुन लें। हॉल में शान्ति हो गयी। अब पूछा, मेरी आवाज सुनायी दे रही है? सबने कहा हाँ! फिर इशारा करके ऊपरी पंक्तिवालों से पूछा आप लोगों को भी सुनायी दे रही है। उत्तर मिला हाँ। फिर आचार्य जी ने कहा आप शान्त रहें तो बिना यन्त्र के मेरी बात सबको सुनायी देगी। हाँ ऊपर की कुर्सीवालों की कठिनाई मैं समझता हूँ जो ऊपर की कुर्सी पर पहुँच जाते हैं उन्हें कम सुनायी देने लगता है। हॉल हँसी के ठहाके से गूँज उठा। आगे बिना यन्त्र के उन्होंने पैंतालीस मिनट का अपना व्याख्यान पूरा किया।

हजारीप्रसाद द्विवेदी हिन्दी ही नहीं समग्र भारतीय साहित्य के लेखकों में इतना महत्त्वपूर्ण नाम था कि उनके जीवन-काल में दिल्ली की सत्ता से लेकर प्रदेश की लखनऊ की सरकार तक उनका दबदबा था। आपातकाल में अपने अप्रजातान्त्रिक कार्यों और लोकतन्त्र विरोधी आचरण पर पर्दा डालने के लिए प्रधानमन्त्री श्रीमती इन्दिरा गाँधी उस समय के बड़े सन्तों, समाजसेवियों और साहित्यकारों से समर्थन माँगी थी। कभी विनोबा जी के आशीर्वाद और अनुशासन पर्व की भाषा का लाभ उठातीं तो कभी सन्त देवरहवा बाबा या आनन्दमयी माँ का आशीर्वाद लेती थीं। इसी क्रम में उन्होंने आचार्य जी का भी सम्पर्क साधा। आचार्य जी शान्ति निकेतन में उनके गुरु रहे थे। आचार्य ने तो

सीधे उनके समर्थन में कुछ नहीं कहा पर दूरदर्शन आकाशवाणी पर गुरु-शिष्य संवाद के नाम पर एक आयोजन कराया गया जिसमें आपातकाल की तो नहीं पर श्रीमती गाँधी के गुणों की चर्चा हुई थी। बात यह है कि उस समय नेहरू परिवार से आत्मीयता से जुड़ी महादेवी वर्मा आपातकाल के विरुद्ध थीं। फणीश्वरनाथ रणु, डॉ. रघुवंश, डॉ. सत्यवत सिन्हा जैसे साहित्यकार भी बन्दी थे। साहित्यकारों में भी आक्रोश था तो उसके शमन का मार्ग आचार्य जी के आशीष से उन्होंने निकाला था।

आपातकाल के बाद सत्ता-परिवर्तन हुआ। लखनऊ में श्री रामनरेश यादव के नेतृत्व में जनता दल की सरकार बनी। आपातकाल में द्विवेदी जी उ.प्र. हिन्दी संस्थान के कार्य अध्यक्ष थे। साहित्यकार का राजनीति से कम ही सरोकार होता है और आचार्य जी भी इसी ढंग की सोचवाले थे। उन्हें न उस पद की अपेक्षा थी और न ही उसे त्यागने का आग्रह न दैन्यं न पलायनम् । जनता सरकार ने उन्हें ही कार्य. अध्यक्ष बनाये रखा। संस्थान के ही तत्त्ववाधान में आगरा विश्वविद्यालय के हॉल में कन्हैयालाल मुन्शी हिन्दी तथा भाषाविज्ञान विद्यापीठ ने दो दिन की एक परिचर्चा आयोजित की थी। विषय था 'जनतन्त्र में भाषा आयोजन।' विद्यापीठ के निदेशक थे डॉ. विद्यानिवास मिश्र। यह 1977 में किसी महीने की बात है।

आयोजन के दो-चार दिन पूर्व मैं आगरा गया और मिश्र जी से मिलने उनके कार्यालय गया। आपातकाल में मैं भी मीसांवादी था। उन दिनों एटा जिले की निधौली विधानसभा का उपचुनाव था जिसमें मुख्यमन्त्री श्री रामनरेश यादव के प्रचार में गया था। वहीं से आगरा के परिचितों से मिलने चला आया था। मिश्र जी ने मुझे कहा ''कन्हैया तुम बड़े मौके से आये हो। सेमिनार में तुम्हें भी भाषण देना है। तिथि पर तुम अवश्य आ जाना। बात यह है कि रामनरेश यादव का एक व्याख्यान रखा था, वे नहीं आ रहे हैं। उनकी जगह पर तुम्हें बोलना है। तुम भी नैनी जेल में उनके साथ थे। एक वक्ता राजनीति क्षेत्र से हमें चाहिए।''

विश्वविद्यालय के सीनेट हॉल में परिचर्चा प्रारम्भ हुई। डॉ. द्विवेदी की अध्यक्षता में श्री सच्चिदानन्द हीरानन्द वात्स्यायन अज्ञेय प्रथम वक्ता थे, दूसरा क्रम मेरा और अन्तिम द्विवेदी जी का अध्यक्षीय भाषण। संस्थान के निदेशक और नवगीत के प्रमुख हस्ताक्षर ठाकुरप्रसाद सिंह आयोजन के सूत्रधार। अज्ञेय जी दो घण्टे बोल गये और फिर अध्यक्षीय भाषण। उस दिन की गोष्ठी समाप्त। बीच ही में विद्यानिवास जी ने मुझे पुर्जी भेजी कि तुम्हें कल बोलना है।

मैं तो बड़ा डर रहा था कि इन दिग्गजों के बीच मैंने कभी भाषण नहीं दिया है, क्या होगा? सबसे ज्यादा आतंक द्विवेदी जी की विद्वत्ता, उनके व्यंग्य और उनके ठहाके का था कि कोई गलती हो गयी तो हँसी का पात्र बन जाऊँगा। उस दिन के वक्ता थे—डॉ. रामविलास शर्मा, डॉ. प्रेमस्वरूप गुप्त, मैं, एक और सज्जन तथा अध्यक्ष डॉ. गोपाल त्रिपाठी। मैंने रात भर होमवर्क किया। खूब तैयारी से कागज पर व्याख्यान के बिन्दु बनाया और तीसरे क्रम में जो कुछ तैयार करके आया था, बोल दिया। मैं तो सन्तुष्ट था कि मैंने गाड़ी पार कर दी। व्याख्यान समाप्त होने पर दोपहर का भोजन कुलपति कार्यालय की बगल के कक्ष में था। मैं श्रोताओं की पंक्ति में खड़ा था। मंचस्थ विद्वान् उतरे बीच के रास्ते से जाने लगे। द्विवेदी जी जब मेरे निकट पहुँचे तो मेरे कन्धे को पकड़कर खींचा और कहा आओ। फिर पीठ पर हाथ से थपथपाकर कहा, 'बहुत अच्छा बोलते हो। आजमगढ़ से वाराणसी आने पर मिला करो।' कन्धे पर हाँथ रखे-रखे वे भोजन-कक्ष तक गये। मुझे ऐसा लगा जैसे रामकृष्ण परमहंस जैसे किसी अलौकिक पुरुष का हाथ मेरी पीठ पर शक्तिपात कर रहा है। मैं कितना गद्गद और उत्साहित हुआ, कहना सम्भव नहीं है पर जो खास बात मेरे अन्तर्मन को छू गयी, वह यह थी कि पण्डितजी को विद्वत्ता का अहं छूकर नहीं है। सचमुच ही वे गुरुदेव के आश्रम से निकले ऐसे गुरुदेव थे कि भले ही सचमुच ही शिष्य अलग-अलग लोगों के विचारों के हों, सब उन्हें प्रिय थे और सबके वे सर्वमान्य गुरु थे।

इसके बाद वाराणसी में एक-दो बार मैंने उनसे भेंट की और मुझे उनमें अगाध समुद्र की गहराई का ज्ञान मिला है। वे निराकार सहजता और अकुण्ठ वत्सलता की मूर्ति लगे। यही कारण था कि अमीर खुसरो की तरह दिल्ली की सत्ता भले बदलती रही पर हजारीप्रसाद द्विवेदी सबके थे, सर्वप्रिय थे। आचार्य चन्द्रबली पाण्डेय ने एक बार मुझसे कहा था कि हजारीप्रसाद जी सत्ता के पूजक हैं। उसके बाद डॉ. धर्मवीर भारती का लेख 'राष्ट्रभारती' में छपा-हिन्दी लेखकों की धुरीहीनता। इस लेख में डॉ. हजारीप्रसाद द्विवेदी, सुश्री महादेवी वर्मा और श्री रामधारी सिंह दिनकर पर सत्ता की पक्षधरता का आरोप था। ये प्रभाव मेरे मन पर भी पड़े थे, पर जब आचार्य द्विवेदी के व्यक्तित्व में झाँकने की कोशिश की तो मुझे लगा कि मूल चिन्तक और मौलिक विचारक होने के साथ ही वे निर्वैर थे और विधाता ने उनमें अटूट विनयशीलता भर दी थी। उनमें सबके प्रति मैत्री का भाव और किसी के प्रति कटुता का अभाव था।

आचार्य चन्द्रबली पाण्डेय

आचार्य चन्द्रबली पाण्डेय का हिन्दी राष्ट्रभाषा के उन्नयन में अभूतपूर्व योगदान था। राजर्षि टण्डन के हिन्दी को भारत की राजभाषा के अभियान में पाण्डेय जी ने जो सामग्री हिन्दी के समर्थन में प्रस्तुत की, वह उनके लिए अचूक अस्त्र का काम करती थी। हिन्दी और उर्दू के सम्बन्ध में जो छोटी-छोटी पुस्तिकाएँ उन्होंने प्रकाशित कीं उनके सम्बन्ध में भाषाविद् डॉ. सुनीति कुमार चटर्जी ने लिखा कि 'उनके एक-एक पैम्फलेट पर डीलिट्. की उपाधि दी जा सकती है।' पाण्डेय जी ने कुछ व्याधि सम्बन्धी निजी कारणों से विवाह नहीं किया, पर हिन्दी के लिए यह वरदान सिद्ध हुआ। कहा गया है, 'जोरू ने जाँता, हिन्दी से नाता।' हिन्दी ही उनकी साधना थी और यही उनकी सिद्धि थी। वे हिन्दी-उर्दू विवाद में तथा दिग्गजों के साथ शास्त्रार्थ में अपराजेय रहे।

'अपने आचरण से उपदेश देना योगिराज चन्द्रबली जी का ही कर्म था। उनकी रग-रग में देशप्रेम भरा था। उनका हृदय भारतीयता के गर्व से ओतप्रोत था। अपने देश, जाति और परम्परा के वे मूर्तरूप थे। भारत की गरीबी का प्रतीक खद्दर उनके शरीर पर सदैव फबता रहा। ब्रह्मचर्य के लक्षण-उपानच्छत्र परित्याग और दार क्रिया विसर्जन-उनके चिर सहचर थे। सच्ची भक्ति के चिह्न अनिकेतता और दृढ़संकल्प ने अन्त तक उनका साथ न छोड़ा। सच्चे कर्मयोगी की कसौटी कर्त्तव्याकर्त्तव्य विवेक तथा स्थितप्रज्ञता मरते दम तक उन्हें समलंकृत किये रही। कड़ी-से-कड़ी धूप, भयंकर शीत और घनघोर वर्षा उन्हें कभी विचलित न

कर सकी। कड़कड़ाती हुई जेठ की दुपहरी हो या कम्पन उत्पन्न करनेवाली जाड़े की आधी रात, उन्होंने नंगे सिर और नंगे पाँव चलना कभी न छोड़ा। घनघोर वर्षा और प्रचण्ड आतपवात में भी उन्होंने छाता न लगाया, भले ही उनका साथी बगल में छाता ताने चलता रहे। बीमारी के कारण जब उन्हें अपना यह व्रत खण्डित करना पड़ा तो उन्हें मन-ही-मन बड़ी वेदना हुई। अपना काम तो उनका शायद ही कभी किसी से रहा हो, पर दूसरों को मुफ्त पढ़ाकर इस प्रकार बिना छाता, टोपी और जूते के जाड़े की रात और गर्मी के दिनों में उन्हें अपने डेरे को लौटते अकसर देखा गया है। निदान आचार्य विश्वनाथप्रसाद मिश्र की यह उक्ति वे 'हिन्दी' के देव व्रत थे।'

मेरा गाँव उनके गाँव से केवल पाँच किलोमीटर की दूरी पर है। वे जन्मे थे सठियाँव में, पर उनके बड़ों ने पड़ोस के गाँव नसीरुद्दीनपुर में निवास बना लिया था। मैं बचपन से पाण्डेजी के बारे में सुनता रहा। वे कच्चा अन्न भिगोकर खाते थे। गाढ़े का कुर्ता पहनते थे, उसमें बटन भी दर्जी द्वारा गुठली जैसी बनायी हुई लगती थी—यह उनका स्वदेशी-अनुराग था। उस समय बटन भी विदेश से आती थी। कुर्ता आधी बाँह का, धोती भी घुटने के ऊपर तक। देखकर कोई भी समझ सकता कि यह कोई वैष्णव साधु है। प्रखर मेधा के धनी पाण्डेय जी ने हाई स्कूल से एम.ए. तक प्रथम श्रेणी पायी और काशी हिन्दू विश्वविद्यालय में 'सूफीमत' पर शोधकार्य प्रारम्भ किया। शोध-प्रबन्ध पूरा हो गया, पर तत्कालीन नियम था कि हिन्दी का शोध-प्रबन्ध भी अंग्रेज़ी में लिखना पड़ता था। प्रतिरोध का पहला चरण पाण्डेयजी का यहीं से शुरू हुआ। उन्होंने विश्वविद्यालय को लिख दिया, यदि हिन्दी का शोध-प्रबंध हिन्दी में प्रस्तुत करने की अनुमति नहीं मिलती, तो मैं शोध-प्रबन्ध नहीं प्रस्तुत करूँगा। बहुत बाद में ऐसी अनुमति जब मिली तो अपने लेखन से उन्हें इतनी ख्याति मिल चुकी थी कि उन्होंने कहा कि अब मुझे डॉक्टरेट की जरूरत नहीं है। उनका कार्य 'तसव्वुफ़ अथवा सूफ़ीमत' प्रकाशित हुआ। सूफीमत के सिद्धान्तों पर यह प्रथम ग्रन्थ है और आजतक इस विषय के एक मानक ग्रन्थ के रूप में इसकी मान्यता है।

चन्द्रबली जी का कोई एक ठिकाना नहीं था। कभी रुइया छात्रावास के एक कमरे में—मौलवी महेश प्रसाद आलिम फाजिल की कृपा से। कभी आचार्य रामचन्द्र शुक्ल के घर पर उनके आग्रह पर और बाद में 'मंगलकरण' लाज के ऊपरी कमरे में। रामचन्द्र शुक्ल के पिता का नाम भी चन्द्रबली शुक्ल था। अत: वे इन्हें इनके नाम से न बुलाकर 'शाह साहब नसीरुद्दीनपुरी' नाम से पुकारते थे। नसीरुद्दीनपुर तो इनका गाँव था और शाह साहब सूफीमत के अधिकारी विद्वान् के नाते। मेरी उनकी पहली भेंट मंगलकरण लाज पर हुई थी। एक ही बड़ा कमरा-उसी में सोना, लिखना, भोजन की व्यवस्था। उस समय उनके भतीजे तिलकधारी पाण्डेय उनके साथ रहते थे। एक छोटी चौकी, कम्बल और पीछे एक तकिया, दीवाल से सटी। इसी पर बैठकर वे लेखन कार्य करते थे। मैं न उनसे कुछ पूछने गया था, न समझने। इस ऋषितुल्य लेखक के दर्शन ही के लिए गया था। जैसा सुना था, वैसा देखा। उन्होंने परिचय पूछा तो बता दिया निकट ग्राम का होने से बड़ी आत्मीयता से बात की। मैं कृतकृत्य हुआ। उसी समय उनकी चौकी पर एक लम्बा लेख 'तुलसी की जीवन-भूमि' शीर्षक से पड़ा हुआ था, जिसे 'आज' दैनिक के साप्ताहिक अंक में प्रकाशनार्थ भेजा गया और वह सधन्यवाद वापस भेज दिया गया था। मैं कुछ लिखने लगा था। कभी छप जाता, कभी सधन्यवाद वापस। रचना वापस आने पर निराश होता था पर वहाँ यह सन्तोष हुआ कि प्रतिष्ठित लेखकों की रचनाएँ भी वापस आ जाती हैं। रचना शोधपूर्ण और काफी बड़ी थी—शायद ऐसी रचना छपना दैनिक पत्र के साप्ताहिक में सम्भव नहीं थी।

आजमगढ़ के श्रीकृष्ण पाठशाला इण्टर कॉलेज में वसन्तोत्सव बड़े धूम-धाम से मनाया जाता था। देश स्वतन्त्र हो चुका था और हिन्दी को राष्ट्रभाषा बनाने की कशमकश चल रही थी। संविधान अभी बन रहा था। हिन्दी के सामने दो रोड़े थे—उर्दू और हिन्दुस्तानी। राजर्षि पुरुषोत्तमदास टण्डन हिन्दी के पक्ष के राजनीतिक पुरोधा थे और संविधान-निर्मात्री सभा के सदस्य भी थे। उस समय चन्द्रबली पाण्डेय ने साहित्य के मोर्चे को सँभाला और नागरी प्रचारिणी सभा से 'हिन्दी' नाम के मासिक पत्र

के सम्पादक, प्रकाशक, मुद्रक सभी कालम में उन्हीं का नाम होता था। उस समय सभा जैसी संस्थाएँ हिन्दी के पक्ष की ताल-ठोंक लड़ाई में सामने नहीं आना चाहती थीं। अतः पाण्डेय जी को ही सारा भार दिया। पाण्डेय जी को किस बात का डर-जेल हो या फाँसी, हिन्दी के लिए सब-कुछ लुटाने को तैयार। मुफसिली ऐसी कि हिन्दू विश्वविद्यालय के पास से गर्मी की चिलचिलाती धूप में नंगे पैर (जूता पहनते ही नहीं थे), आधी बाँह का कुरता, सिर पर तिकोनी रूमाल बाँधे वे पैदल विश्वेश्वरगंज में 'सभा' पहुँचने के लिए 6-7 मील जाते और रात होने पर पैदल ही लौटते थे। 'हिन्दी' पत्रिका हिन्दी राष्ट्रभाषा के लिए ही निकाला गया मुखपत्र था। इसी के साथ पाण्डेय जी ने दर्जनों पुस्तिकाओं द्वारा हिन्दी का पक्ष और उर्दू-हिन्दुस्तानी का विरोध सप्रमाण किया। हिन्दी, अंग्रेज़ी, उर्दू सभी में उनकी ये पुस्तिकाएँ छपी थीं।

पाण्डेय जी की इसी छवि के नाते इस वर्ष वसन्तोत्सव पर आमन्त्रित किया गया था, क्योंकि यह वसन्तोत्सव राष्ट्रभाषा का भी उत्सव था। इस वर्ष एक बड़ा जुलूस भी निकाला गया। आगे-आगे एक हाथी पर पाण्डेय जी को बिठाया गया था और 'जय हिन्दी जय नागरी' का उद्घोष करते हुए जुलूस भ्रमण करता रहा। हरिऔध जी तो दिवंगत हो चुके थे। गुरुभक्त सिंह 'भक्त', विश्वनाथ लाल 'शैदा', विजय नारायण सिंह आदि इसमें सम्मिलित थे। मुख्यतः यह श्रीकृष्ण पाठशाला के छात्रों का जुलूस था। कार्यक्रम में दानबहादुर सिंह 'सूँड़' पीला कुरता, शैदा जी पीली धोती और किशोरीलाल पीली टोपी पहने हुए थे। पाण्डेय जी ने कहा, 'आप लोग तो बसन्त के तीनों रूप हैं।' बसन्त के तीन रूप हैं—बुद्धू बसन्त उल्लू बसन्त, घोंघा बसन्त। हास्य कवि के सामने विनोद में पाण्डेय जी ने ऐसा कहा।

एक बार जब मैं विद्यार्थी-परिषद् का जिलाध्यक्ष था, तो मैंने उन्हें आजमगढ़ में प्रगतिवाद पर व्याख्यान हेतु बुलाया था। कार्यक्रम गुरुटोला स्थित सब्जीमण्डी हॉल में था (अब वहाँ प्राथमिक विद्यालय बन गया है।) पाण्डेयजी उसी की बगल में आचार्य चन्द्रदत्त त्रिपाठी वैद्य के निवास पर रुके थे। वहाँ जलपान के समय उनका दर्शन हुआ। वे कुछ सूखे मेवे

और गो-दुग्ध को जलपान में ले रहे थे। उन्होंने वैद्य जी से अपने घुटनों में हो रही गठिया की बीमारी की चर्चा की। वैद्य जी ने कुछ उपचार के साथ दूध में पकाकर महुआ के नित्य सेवन को कहा। बाद में अपने एक पत्र में उन्होंने वैद्य जी को लिखा था कि महुए के प्रयोग से काफी लाभ हुआ है।

सायंकाल सभा में श्रोताओं से हॉल भर गया था। वैद्य जी ने अध्यक्षता की। उन्होंने प्रगतिवाद के जन्म और उसकी दिशा पर जो प्रकाश डाला, उससे लगा कि वे प्राचीन साहित्य के ही अध्येता नहीं हैं, अपितु साहित्य की अद्यतन गतिविधियों के भी अच्छे जानकार हैं। उन्होंने प्रगतिवाद को साम्यवादी दल का प्रचारक दस्ता कहकर यह कहा कि प्रगति का अर्थ है—आगे बढ़ना, पर यदि कोई आगे बढ़ते हुए गड्ढे या कुएँ में गिर जाय तो उसे प्रगति नहीं अधोगति ही कहना उचित है। कुछ अच्छा लिखने के साथ अधिकतर प्रगतिवादी लेखन को साहित्य की अधोगति ही कहना उचित होगा। उसी समय उन्होंने कहा कि हिन्दी को राजभाषा मान लिया गया है, कुछ शर्तों के साथ। समय पर ये बाधाएँ भी दूर होंगी। अब हिन्दी-हिन्दी शोर करने की अपेक्षा हिन्दी के अभावों की पूर्ति करने के लिए कटिबद्ध होने की आवश्यकता है। उत्कृष्ट साहित्य-सृजन द्वारा हिन्दी को समृद्ध करने की आवश्यकता है। ज्ञातव्य है उसी के बाद उनकी श्रेष्ठ आलोचनात्मक कृतियाँ तुलसी की जीवन-भूमि, 'केशवदास' तथा 'शूद्रक' और 'कालिदास' जैसे शोधपूर्ण मौलिक रचनाएँ प्रकाश में आयीं।

पाण्डेय जी को शास्त्रार्थ का शिरोमणि कहा जाता है। उनकी अपनी एक शैली अलग ही थी। निराला, हजारीप्रसाद द्विवेदी, डॉ. माताप्रसाद गुप्त, केशवप्रसाद मिश्र जैसे दिग्गज उनकी आलोचना के केन्द्र में थे। निराला की कहानियों पर, द्विवेदी जी के 'हिन्दी साहित्य के इतिहास' की पुस्तक तथा 'आदिकाल' में वीरगाथा काल को अस्वीकार करने पर, माताप्रसाद गुप्त के 'पदुमावति' के पाठ-सम्पादन पर, केशवप्रसाद मिश्र के 'मेघदूत' के हिन्दी अनुवाद की भूमिका में रस को योगियों की 'मधुमती भूमिका' कहने पर उन्होंने शास्त्रार्थ किया। निराला ने कुछ उत्तर-प्रत्युत्तर किया, पर अन्यों ने स्वयं प्रतिवाद नहीं किया, उनके शिष्यों ने कमान

सँभाली। आलोचना में व्यंग्य भी कटु और व्यक्तिगत स्तर पर करते थे। मिश्र जी के समर्थक लेखकों पर एक लेख लिखा जिसका शीर्षक था— 'समागता कुक्कुट' मिश्र पादाः'। माताप्रसाद गुप्त के समर्थकों में डॉ. भोलानाथ तिवारी (तब शोध-छात्र) ने मिश्रजी का प्रतिवाद किया था। उसके उत्तर में पाण्डेय जी का लेख छपा जिसका प्रारम्भ ही था— 'आपका नाम तो भोलानाथ है, पर आप लगते हैं पूरे भोला के वाहन। तिवारी जी ने उत्तर में जो लेख लिखा था वह एक प्रकार से अपनी धृष्टता पर क्षमा-याचना थी। शीर्षक 'छमयहिं सज्जन मोरि ढिठाई'। एक बार पाण्डेयजी हिन्दी साहित्य सम्मेलन में रुके थे तो समाचार पाकर भोलानाथ तिवारी उनसे मिलने गये। पाण्डेयजी ने पीठ थपथपायी और अपने सात्त्विक स्नेह से उन्हें अभिभूत कर दिया। लेख के उत्तर-प्रत्युत्तर की कोई चर्चा नहीं। पाण्डेय जी के बारे में लिखा : 'वे सचमुच भोलानाथ थे। सरल, फक्कड़, अवधूत, सूफी, पर साथ ही वे प्रलयंकर शंकर की भाँति ताण्डवकर। सिद्धान्तों का जहाँ हनन होता था, वहाँ वे उग्रता में प्रलयंकर और दृढ़ता में अडिग हिमालय थे।'

पाण्डेय जी की आलोचना निराधार नहीं होती थी, पर उनमें एक पक्षधरता भी थी-आचार्य रामचन्द्र शुक्ल के सम्बन्ध में। शुक्ल का प्रतिवाद उन्हें बर्दाश्त नहीं होता था और कुछ हद तक शुक्ल जी की समय-सीमाओं के कारण जो स्वाभाविक कमी 'इतिहास' में या 'जायसी के पाठ' में रह गयी थी, उसे पाण्डेयजी अपनी विद्वत्ता से खींच-तानकर सिद्ध करते थे। 'पदुमावति' का पाठ शुक्ल जी ने उस समय प्रस्तुत किया जब कोई सही पाठ हिन्दी में उस ग्रन्थ का नहीं था। कोई पाण्डुलिपि भी नहीं थी। पुराने छपे पाठों को ही अपनी प्रज्ञा से उन्हें बहुत अच्छे रूप में प्रस्तुत किया। उस समय वह पाठ ही सर्वश्रेष्ठ था और उसकी वृहद् भूमिका तो आज भी महनीय है। आगे प्रभूत सामग्री मिलने और पाठालोचन की प्रक्रिया से मूल-पाठ की तलाश करके माताप्रसाद जी ने जो पाठ प्रस्तुत किया था, वह आज सबसे अच्छा पाठ है। (मेरे 'पदुमावति' के संस्करण में उनके पाठों की कुछ विसंगतियाँ दूर हो गयी हैं) पर पाण्डेय जी उस पर कई लेखों से टूट पड़े थे।

'चिरहटा' और 'पेखिन्ह' का मण्डन तो अद्‌भुत था। मूलपाठ 'कतहुँ छरहटा पेखन्ह लावा' (ग्रियर्सन में भी) में छरहटा (छल हट्ट) या जादूगर 'पेखन्ह' यानी खेल-तमाशा लाया। 'पेखन्ह' को तुलसी ने भी लिखा—जग पेखन्ह तुम्ह लेखन हारे'। कहीं-कहीं पाण्डेय जी की आपत्तियाँ सार्थक और विचारणीय भी थीं। नागमती का कथन कि 'लागउँ कंत थार जिमि तोरे' इसमें माताप्रसाद का पाठ है—'छार जिमि'। वस्तुत: यह 'थार' पाठ ही होना चाहिए। यहाँ 'थार' का अर्थ थाली नहीं, अपितु 'थाला' है जिसमें पौधे लगाते हैं और जिसमें पानी भरकर पौधे को हरा-भरा रखा जाता है। अस्तु।

पाण्डेय जी को हिन्दी साहित्य सम्मेलन का सभापति चुना गया। उसके पूर्व हरिद्वार में आयोजित अधिवेशन में उन्हें साहित्य परिषद् का अध्यक्ष चुना गया था। 1949 ई. के हैदराबाद अधिवेशन में उन्हें अध्यक्ष चुना गया। प्रस्तावित नामों में मैथिलीशरण गुप्त, महादेवी वर्मा का नाम भी था जिसे वापस ले लिया गया, पर इन्द्र विद्यावाचस्पति ने नाम वापस नहीं लिया। चुनाव हुआ और पाण्डेय जी जीते। वस्तुत: वे चुनाव नहीं लड़ना चाहते थे, पर समर्थकों की राय से उन्हें चुनाव में भाग लेना पड़ा। उस समय सम्मेलन में दो गुटों में वर्चस्व था। ऐसी परिस्थितियों में सम्मेलन के शुभचिन्तकों में राजर्षि टण्डन सहित सभी पाण्डेय जी जैसे निस्पृह व्यक्ति को सम्मेलन की बागडोर दे रहे थे। पाण्डेय जी ने विवाद को बचाने का प्रयास भी किया। उसके लिए वे बोलते-बोलते रोने भी लगे और अन्तत: सम्मेलन के पराभव को रोक न सके।

पाण्डेय जी ने दधीचि के समान अपनी हड्डियों तक का दान हिन्दी के लिए कर दिया। हिन्दी साहित्य सम्मेलन के सबसे कम आयु के अध्यक्ष वे बने थे। अत्यन्त कम आयु में ही वे संसार छोड़ गये। वैशाख शुक्ल 9, 1969 (24 अप्रैल, 1904) को जन्मे पाण्डेयजी केवल 53 वर्ष 9 माह की आयु में माघ शुक्ल 4 शुक्रवार 2014 (24 जनवरी, 1958) को हमसे विदा हो गये। यह तिथि वसन्त पंचमी की पूर्व रात्रि की थी और वाराणसी के 'आज' ने मुखपत्र पर शीर्ष पंक्ति में उनके

निधन की सूचना दी और कांजीलाल का बनाया कार्टून मुखपृष्ठ पर छापा हिन्दी-सरोवर का कमल मुरझाकर लटक गया और सरस्वती रो रही है। पर पाण्डेयजी एक योद्धा की तरह जिये और योद्धा की तरह मरे भी। वे अर्द्धचेतन अवस्था में ज्ञानवती जी के निवास पर पड़े थे। आजमगढ़ के साहित्यकार उन्हें देखने गये थे, तो किसी ने आचार्य पद्मनारायण जी को सुझाव दिया कि उन्हें गीता-रामायण का पाठ सुनाया जाय। प्रस्ताव पाण्डेयजी को बताया गया, तो उन्होंने अर्द्ध स्फुटित स्वर में कहा : न पापं न पुण्यं शिवंकेवलोऽहम् ।

शिवोऽहं, शिवोऽहं, शिवोऽहं, शिवोऽहम् ।।

इस उक्ति में उनके जीवन की सारी साधना बोल उठी। सच ही ऐसे पुरुष अपनी यशः काया से सदैव अमर रहते हैं :

जयन्ति ते सुकृतिनो रस सिद्धाः कवीश्वरा।

येषां यशः कायाशरीरे नास्ति जरा मरणमं भयं।।

इतनी अल्पायु में उन्होंने, प्रभूत सामग्री हिन्दी साहित्य को प्रदान की। इसकी तालिका निम्नांकित है—

1.	कचहरी की भाषा और लिपि	सं. 1996 ना.प्र.स. काशी
2.	बिहार में हिन्दुस्तानी	सं. 1996 ना.प्र.स. काशी
3.	भाषा का प्रश्न	सं. 1996 ना.प्र.स. काशी
4.	उर्दू का रहस्य	सं. 1997 ना.प्र.स. काशी
5.	मुगल बादशाहों की हिन्दी	सं. 1997 ना.प्र.स. काशी
6.	मुल्क की जुबान और फाजिल मुसलमान (उर्दू में)	सं. 1997 ना.प्र.स. काशी
7.	उर्दू का उद्‌गम	सं. 1997 ना.प्र.स. काशी
8.	अनुराग बाँसुरी (सम्पा.)	सं. 2002 हिन्दी साहित्य सम्मेलन, प्रयाग
9.	तसव्वुफ अथवा सूफीमत	सं. 2002 सरस्वती मन्दिर, जगतनवर, काशी

10.राष्ट्रभाषा पर विचार	सं. 2002 सरस्वती मन्दिर, जतनवर, काशी
11.कुर्आन में हिन्दी	सं. सरस्वती मन्दिर, जतनवर, काशी
12.विचार–विमर्श	सं. 2002 हिन्दी साहित्य सम्मेलन, प्रयाग
13.नागरी का अभिशाप	सं. 2002 विद्या मन्दिर प्रकाशन, मुरार, ग्वालियर
14.उर्दू की जबान	सं. 2003 ना.प्र.स., काशी
15.नागरी ही क्यों?	सं. 2003 नवयुग हिन्दी साहित्य विद्यालय, काशी
16.प्रक्षालन या प्रवंचना	सं. 2003 ,, ,, ,,
17.राष्ट्रभाषा की परिभाषा	सं. 2003 ,, ,, ,,
18.उर्दू की हकीकत क्या है? काशी	सं. 2003 नवयुग हि.सा. विद्यालय
19.हिन्दी के हिमायती क्या करें।	सं. 2003 नवयुग हि.सा. विद्यालय काशी
20.हिन्दुस्तानी का भवजाल	सं. 2003 नवयुग हि. सा. विद्यालय काशी
21.मौलाना अबुल कलाम की हिन्दुस्तानी	सं. 2003 नवयुग हि. सा. विद्यालय काशी
22.हिन्दी के हितैषी क्या करें	...काशी हि. वि. वि.
23.साहित्य संदीपिनी	सं. 2004 सरस्वती मन्दिर, जतनवर, काशी
24.हिन्दी की हिमायत क्यों	सं. 2004 ना.प्र.स. काशी
25.मुसलमान	सं. 2004 सरस्वती मन्दिर, जतनवर, काशी

26.एकता	सं. 2004 हि.सा. सम्मेलन प्रयाग
27.एप्ली फॉर नागरी हिन्दी	सं. 2005 हि.सा. सम्मेलन प्रयाग
28.लिंग्विस्टिक सर्वे-ए पोलिटिकल स्टण्ट	सं. 2005 ना.प्र.सं. काशी
29.नेशनल लैंग्वेज फॉर इण्डिया	,,
30.नेशनल स्क्रिप्ट फॉर इण्डिया	,,
31.काबवेब आफ हिन्दुस्तानी	,,
32.नागरी ए लैंग्वेज	,,
33.द मिस्ट्री इज अनवील्ड	,,
34.हिन्दुस्तानी इन इट्स टू कलर	,,
35.हिन्दी कवि चर्चा जतनवर,	सं. 2005 सरस्वती मन्दिर काशी
36.शासन में नागरी	सं. 2005 हिन्दी सा.सम्मे., प्रयाग
37.हिन्दी गद्य निर्माण	सं. 2005 युगाश्रय, विश्वेश्वरगंज, काशी
38.तुलसीदास	सं. 2005 शक्ति कार्यालय, प्रयाग
39.केशवदास	सं. 2008 शक्ति कार्यालय, प्रयाग
40.शूद्रक	सं. 2010 मोतीलाल बनारसीदास, काशी
41.कालिदास	सं. 2011 मोतीलाल बनारसीदास, काशी
42.तुलसी की जीवन-भूमि	सं. 2011 ना.प्र.स. काशी
43.स्वप्न सिद्धान्त	मरणोपरान्त, परिजात प्रका. आजमगढ़
44.राधा (अपूर्ण)	

लक्ष्मीनारायण मिश्र : कुछ स्मृतियाँ

हिन्दी नाटक के विकास में भारतेन्दु हरिश्चन्द्र और जयशंकर प्रसाद ने जो भूमिका बनायी थी, उसे आधुनिक धरातल पर कथ्य और शिल्प दोनों ही स्तरों पर विकसित करने का कार्य नाटककार श्री लक्ष्मीनारायण मिश्र ने किया। उन्होंने यूरोप के इब्सन और बर्नार्ड शॉ के नाटकों की भाँति मंच के लिए अभिनेयता में अनुकूल और सामाजिक समस्याओं से जुड़े नाटकों का सृजन किया। उन्हें हिन्दी में समस्या नाटकों का जनक माना जाता है। यद्यपि 'मुक्ति का रहस्य', 'राजयोग' 'सिन्दूर की होली', 'राक्षस का मन्दिर' आदि आधे दर्जन समस्या नाटकों के सृजन के पश्चात् उन्होंने कई दर्जन ऐतिहासिक, पौराणिक और जीवनीपरक नाटकों का सृजन किया जिनमें कई नाटक बहुत प्रशंसित भी हुए पर उनकी महत्ता मौलिकता और विशेषता उनके समस्या नाटकों के नाते मानी जाती है।

मिश्र जी नाटककार, कवि, वक्ता और विचारक थे। उनका व्यक्तित्व बड़ा विलक्षण था। उनमें लेखकीय अहं कूट-कूटकर भरा था। वे मान्यताओं से कभी समझौता नहीं करते थे। ऊपर से कठोर पर भीतर से अति कोमल स्वभाव के थे। अपने सात्त्विक क्रोध के प्रबल वेग के कारण उन्हें उनके समसामयिक 'दुर्वासा' कहते थे। उनके सम्पर्क के कुछ प्रसंगों को यहाँ प्रस्तुत कर रहा हूँ।

उन्हें हिन्दी का विद्यार्थी अवश्य जानता है। मैं लक्ष्मीनारायण मिश्र को इण्टरमीडिएट की कक्षा से ही जानता था—विशेषत: पाठ्यक्रमों में उनके नाटकों को पढ़कर। विशेष लगाव उनसे इस नाते भी था कि वे

मेरे जनपद आजमगढ़ के निवासी थे। शिब्ली नेशनल कॉलेज, आजमगढ़ में जब मैं बी.ए. में था, तभी डॉ. किशोरीलाल गुप्त (अध्यक्ष, हिन्दी विभाग) ने उन्हें साहित्य परिषद् में व्याख्यान हेतु आमन्त्रित किया था। मैंने पहली बार उन्हें वहीं देखा और सुना था। साधारणत: लेखक अच्छे वक्ता कम ही होते हैं, पर मिश्र जी बहुत ही कुशल वक्ता थे। उन्होंने अपने भाषण में यूनानी नाटकों और उनके नाटककारों की कसकर खिंचाई की। अरस्तू के कथार्सिस (विरेचन) के सिद्धान्त की भी आलोचना करते हुए भरत के नाट्यशास्त्र में प्रतिपादित रस-सिद्धान्त की वैज्ञानिकता पर अपना मत प्रकट किया। इसी क्रम में उन्होंने शेक्सपियर के नाटकों में हिंसा-आत्महत्या जैसे व्यवहारों को लोक पर कुसंस्कार डालनेवाला बताया। उन्होंने यह भी कहा कि यदि शेक्सपियर के नाटक भारतीय युवकों को न पढ़ाये जाते तो देश में हिंसा का वातावरण इस प्रकार नहीं उत्पन्न होता। उनका भाषण बड़ा प्रभावशाली और विद्वत्तापूर्ण था, पर अंग्रेज़ी के प्राध्यापकों ने उनके व्याख्यान का प्रतिवाद किया। आज के मशहूर उर्दू शायर मालिकजादा मंजूर उस समय यहीं अंग्रेज़ी-प्रवक्ता थे और उन्हीं के सहयोगी श्री अली अहमद अब्बासी भी थे। इन्होंने ही प्रश्न किये और मिश्र जी ने सोदाहरण उत्तर दिया। प्रो. एजाजुल हसन अंग्रेज़ी के विभागाध्यक्ष थे, उन्होंने कोई प्रतिवाद नहीं दिया और कहा कि साहित्य में हर आदमी का मत अलग-अलग हो सकता है। अत: प्रतिवाद आवश्यक नहीं है।

मिश्र जी विश्वविद्यालयों और महाविद्यालयों में प्राय: व्याख्यान के लिए जाते थे और वहाँ के व्याख्यानों में प्राय: इसी विषय को उठाते थे। इसका कारण यह था कि यह उनकी मान्यता थी कि भारतीय साहित्य का आधुनिक लेखन भारतीय परम्परा के साहित्यकारों की विरासत में फल-फूल सकता है। वही साहित्य विश्वशान्ति का सन्देश दे सकता है और भौतिकता से पीड़ित मानवता को त्राण दे सकता है। संस्कृत साहित्य का बड़ा ही सूक्ष्म और विस्तृत अध्ययन मिश्र जी ने किया था। जब वे कभी मूड में आते थे तो कालिदास, भवभूति, माघ आदि के उद्धरण-पर-उद्धरण देते हुए उनकी विशेषताओं पर प्रकाश

डालने लगते थे। हिन्दी के प्रमुख ललित निबन्धकार और आलोचक पं. विद्यानिवास मिश्र जब भी कभी आजमगढ़ से गुजरते थे तो मिश्र जी के हरबंशपुर स्थित निवास-स्थान पर उनसे मिलकर ही जाते थे। वे मिश्र जी का ससम्मान चरण-स्पर्श करके उनकी विद्वत्ता का समादर करते थे। एक बार विद्यानिवास जी आजमगढ़ में मिश्र जी के निवास पर रुके थे। दोनों बड़े लेखकों से मिलने के प्रयोजन से मैं भी सबेरे-सबेरे पहुँच गया। बाहर मैदान में कुर्सियों पर सभी बैठे थे। प्रश्न नयी कविता का चल पड़ा। लक्ष्मीनारायण मिश्र ने पूछा, ''क्यों भाई विद्यानिवास, तुम भी तो नयी कविता के समर्थक हो। विशेषत: अज्ञेय की कविता के प्रबल पक्षधर। यह बताओ कि नयी कविता को समझने के लिए किस भाष्य की शरण ली जाय?'' विद्यानिवास जी ने विषय को टालने के लिए कह दिया, ''पण्डितजी, वह समस्या तो मेरी भी है, पर नयी जमात में जगह बनाने के लिए 'नाइलोन की साड़ी-सी साँझ' जैसी बेतुकी बातों पर भी वाह-वाह करना पड़ता है।'' मुझे लगा कि लक्ष्मीनारायण जी की लताड़ से बचने के लिए ही उन्होंने यह सुरक्षित उत्तर देकर पिण्ड छुड़ाया। शास्त्रार्थ में उनसे जूझना बड़ा जोखिम का काम होता था।

आजमगढ़ में महाकवि अयोध्यासिंह उपाध्याय 'हरिऔध' की जन्मशती का आयोजन था। उन दिनों पण्डितजी वाराणसी—में अपने निवास—'शारदा पीठ' में रहते थे। उन्हें एक संगोष्ठी की अध्यक्षता के लिए बुलाया गया था। इस अवसर पर एक अखिल भारतीय कवि-सम्मेलन आयोजित हुआ था। सम्मेलन के दूसरे दिन कई प्रमुख कवि प्रात: उनके निवास पर मिलने गये। चाय-पान कराने के पश्चात् पण्डितजी का धाराप्रवाह व्याख्यान पाश्चात्य काव्यशास्त्र और अंग्रेज़ी साहित्य की विसंगतियों पर प्रारम्भ हुआ और अनवरत चलता रहा। घण्टों बीतने की स्थिति आ गयी। अब प्रश्न था कि पण्डितजी को रोके कौन? सारस्वत-प्रवाह को रोकने पर दुर्वासा का उग्र रूप सहने को कोई तैयार नहीं था। अचानक डॉ. श्रीपाल सिंह 'क्षेम' उठे और झपटकर पण्डितजी के पैरों पर गिरकर कहने लगे, ''बस गुरुदेव! अब व्याख्यान बन्द कीजिये, अन्यथा प्राणान्त हो जायेगा।'' पण्डितजी हँसने लगे और उनकी पीठ

थपथपाते हुए बोले, "क्यों 'क्षेम' तुम्हें मेरी बातें अच्छी नहीं लगीं?" क्षेम जी ने बताया, "नहीं गुरुदेव! जौनपुर पहुँचकर आज क्लास लेना है, अन्यथा प्रिन्सिपल डॉ. हृदयनारायण सिंह अनुपस्थित कर वेतन काट लेंगे। अब बस छूटने का समय हो रहा है।" सभी को अपनी-अपनी गाड़ियाँ-बसें पकड़नी थीं। पण्डितजी ने सबको आशीष के साथ विदा किया।

मैं प्रयाग विश्वविद्यालय का छात्र था—1955 से 1959 तक। उन दिनों मिश्र जी 46, क्रास्थवेट रोड, इलाहाबाद में भाड़े के मकान में रहते थे। उनके यहाँ मैं प्राय: आता-जाता था। 1953 में 'साहित्य सन्देश' (आगरा) में मेरा एक लेख छपा 'चारुमित्रा और डॉ. रामकुमार वर्मा।' बाबू गुलाबराय तब सम्पादक थे। उस काल में मिश्र जी से मिलने गया था तो उन्होंने हँसते हुए कहा, "का हो कन्हैया बाबू! विश्वविद्यालय के प्रोफेसर ही बड़का नाटककार होला।" उनके कथन का निहितार्थ मैं समझ गया और मैंने उसी वर्ष 'नाटककार पं. लक्ष्मीनारायण मिश्र' शीर्षक से 'साहित्य सन्देश' में दूसरा लेख लिखा जो कई शंकाओं का समाधान करनेवाला था। पं. नन्ददुलारे वाजपेयी ने 'नया साहित्य : नये प्रश्न' नामक अपने निबन्ध-संग्रह में मिश्र जी पर टिप्पणी की थी कि वे एक साथ परम्परावादी और बुद्धिवादी दोनों हैं। यह विरोधाभासी है। मैंने इसका उत्तर अपने लेख में दिया था यद्यपि इस उत्तर के लिए मैंने मिश्र से शंका-समाधान करके तर्क प्राप्त किया था। यह लेख पढ़कर मिश्र जी प्रसन्न थे और उन्होंने कहा कि अब तुम हमारे असली शिष्य हो गये हो। उन्होंने मुझे आशीष भी दिया कि तुम एक दिन हिन्दी के आलोचकों में स्थान पाओगे।

इस प्रसंग में मैं मिश्र जी के एक गुण की प्रशंसा करूँगा कि मेरी आलोचना-क्षमता को पहचानकर भी उन्होंने अपने नाटकों पर लेख लिखने या पुस्तक लिखने का आदेश (या आग्रह) मुझे नहीं दिया। जबकि उन्हीं लेखों को पढ़कर सेठ गोविन्ददास ने अपने प्रयाग आगमन पर पं. गिरिजादत्त शुक्ल 'गिरीश' के दारागंज आवास पर मुझे 'गिरीश' जी के पुत्र विजयकुमार शुक्ल के माध्यम से बुलवाया, जो मेरे सहपाठी थे। उन्होंने मुझसे स्पष्ट अपेक्षा की कि मैं उनके नाटकों पर एक

आलोचनात्मक पुस्तक 'लिखूँ'-पुस्तकों का सेट, साधन और प्रकाशन मुहैया करने का दायित्व सेठ जी का था—माध्यम विजयकुमार होते। मैंने सेठ जी और 'गिरीश' जी के सामने परीक्षा का बहाना किया पर विजय से बाद में बता दिया कि लेखक के कहने पर उसकी समीक्षा लिखकर मैं जीवन भर अपराधी अनुभव करूँगा। एक बार मैं गोरखपुर विश्वविद्यालय की हिन्दी-पाठ्यक्रम-समिति में सदस्य था। मैं चाहता था कि 'सिन्दूर की होली' बी.ए. में लगे। मैंने मिश्र जी से निवेदन किया, 'आप एक पत्र डॉ. रामचन्द्र तिवारी (अध्यक्ष) को लिख दें तो मैं पुस्तक लगवा लूँगा। उन्होंने साफ मना कर दिया। कहा कि आप लोग प्रयत्न कर लें—जो होगा, होगा। मैंने आज तक ऐसे कामों के लिए न किसी से कहा, न किसी को लिखा।' ऐसे मर्यादावादी थे मिश्र जी।

हिन्दी साहित्य सम्मेलन के संग्रहालय सभागार में एक 'श्रमजीवी लेखक संघ' का अधिवेशन था। आयोजक थे—पं. गिरिजादत्त शुक्ल 'गिरीश'। मैं भी उसके स्वयंसेवक कार्यकर्ताओं में था। मैंने उसी अवसर पर 'दैनिक भारत' में 'श्रमजीवी लेखकों की समस्याएँ' शीर्षक एक लेख भी लिखा था। उसमें स्वतन्त्र लेखन करनेवाले रामनाथ 'सुमन', उपेन्द्रनाथ 'अश्क' आदि प्रयाग के लेखकों के अतिरिक्त चतुरसेन शास्त्री जैसे बड़े-बड़े कई रचनाकार सम्मिलित हुए थे। पहले दिन कुछ विषयों पर परिचर्चाएँ हुई। दूसरे दिन श्रमजीवी लेखकों की समस्याओं पर चर्चा और सरकार के पास एक प्रस्ताव ऐसे लेखकों की बीमारी, भरण-पोषण आदि के लिए सहयोग-सहायता के लिए भेजना था। अन्तिम सत्र की अध्यक्षता के लिए लक्ष्मीनारायण मिश्र जी नाम पूर्व निर्धारित था और वे आये भी। अपने अध्यक्षीय व्याख्यान में उन्होंने श्रमजीवी लेखकों के इस पूरे सम्मेलन को फटकार लगायी। उन्होंने कहा कि 'लेखक' कभी याचक नहीं होता है। उसे किसी सरकार के आगे हाथ पसारने की जरूरत नहीं है। लेखन से जिनकी आजीविका नहीं चलती, उन्हें कोई और धन्धा भी कर लेना चाहिए—जैसे चतुरसेन शास्त्री लेखक के साथ वैद्य भी हैं। माँगने से अच्छा तो भूखों मर जाना है। उन्होंने अपना उदाहरण दिया कि मैं तो प्रकाशकों से अपनी पाण्डुलिपि देने से पहले ही एडवान्स ले लिया

करता हूँ और रायल्टी का हिसाब ठीक नहीं करने पर मुकदमा ठोंक देता हूँ। उन्होंने बताया कवि, लेखक, आलोचक के लिए राजाश्रय घातक होता है। साहित्यकार विकाऊ माल बन जाता है। अत: इस प्रस्ताव का घोर विरोध करता हूँ कि लेखक को राज्य सहायता प्रदान करें।' वे बड़े स्पष्ट वक्ता थे। निर्भीकता से अपना मत व्यक्त करने के लिए वे मशहूर थे। राष्ट्रभाषा हिन्दी को केन्द्र की सम्पर्क भाषा का पूरा दर्जा दिलाने के लिए दस वर्ष की मियाद पूरी हुई तो संसद ने उसे आगे बढ़ा दिया और अंग्रेज़ी उसकी सौत के रूप में स्थायी कर दी गयी। सेठ गोविन्ददास संसद-सदस्य थे। सेठ जी को बड़ी ठेस लगी और वे हिन्दी के इस प्रश्न को लेकर देशव्यापी दौरे पर निकल पड़े। इसी क्रम में वे आजमगढ़ में भी आये थे। उनके इस आन्दोलन का संयोजक मैं था और मेरे ही कॉलेज (डी.ए.वी.) में उनकी सभा हुई। पं. लक्ष्मीनारायण मिश्र उसमें आये और वे ही प्रमुख वक्ता थे। उन्होंने बड़ा ही ओजस्वी, तर्कपूर्ण और प्रभावशाली व्याख्यान दिया। सेठ जी मिश्र जी का बड़ा आदर करते थे। उन्होंने मिश्र जी को इस मुग्धकारी भाषण के लिए बधाई दी और मिश्र जी ने अपने उन्हीं विचारों को 'हिन्दी गंगा के देश' में शीर्षक से निबन्ध रूप में 'आज' दैनिक में लिखा। ...आजमगढ़ में पं. अम्बिका तिवारी एडवोकेट, अध्यक्ष नगरपालिका के नेतृत्व में हम लोगों ने तय किया कि हरिऔध-जयन्ती का भव्य आयोजन सूर्यकुमार सिंह उद्यान में किया जाय। इसके संगोष्ठी सत्र की अध्यक्षता के लिए मिश्र जी को आमन्त्रित किया गया था। कवि-सम्मेलन की अध्यक्षता ठाकुरप्रसाद सिंह को करनी थी, जो उस समय सूचना-निदेशक या उपनिदेशक थे। हरिऔध कला-भवन के पदाधिकारियों ने जिलाधिकारी का कान भरा कि यह आयोजन जनसंघी लोग कर रहे हैं। अत: मिश्र जी और ठाकुरप्रसाद सिंह जी को आप मना कर दें। जिलाधिकारी ने दोनों से कहा भी, पर दोनों ही आये। ठाकुर तो सरकारी अधिकारी थे। अत: भाग लेने के अतिरिक्त कुछ कहा नहीं, पर मिश्र जी ने अपने व्याख्यान में साफ कहा कि एक तो हरिऔध कला-भवन वाले हरिऔध जयन्ती तक नहीं मनाते और अन्य कोई मना रहा है तो उसमें बाधा डालते हैं। मुझसे डी.एम. ने कहा कि 'आप वहाँ न जायँ क्योंकि

यह जनसंघियों का आयोजन है। मैंने उन्हें साफ बता दिया कि मैं हरिऔध जी की जयन्ती में जा रहा हूँ। उन्हें श्रद्धासुमन अर्पित करूँगा। अब यह कार्यक्रम जनसंघी करें तो मुझे क्या शिकायत होगी। मैं तो कहता हूँ कि यदि मुस्लिम लीग भी हरिऔध-जयन्ती मनाये और मुझे आमन्त्रित करें तो मैं उसमें अवश्य, जाऊँगा। इतनी निर्भीकता और सिद्धान्तवादिता मिश्र जी में थी। वे हिन्दी के मनीषी रचनाकार थे जो अपने लेखन से लेकर व्यक्तित्व तक में बेजोड़ थे।

लक्ष्मीनारायण मिश्र साहित्य-सृजन को किसी भी पेशे से ऊपर महत्त्व देते थे। 1971 ई. में मैं 35 वर्ष की आयु में आजमगढ़ की नगरपालिका का अध्यक्ष चुना गया था और वह भी निर्विरोध। इसके कारण मुझे जगह-जगह से बधाइयाँ आयीं। कई साहित्यकारों ने भी खुशी व्यक्त की। डॉ. नामवर सिंह और श्री बालकृष्ण राव ने अच्छा सन्देश भेजा। इस अवसर पर मिश्र जी का भी एक पत्र मुझे मिला। उन्होंने लिखा था : 'निर्विरोध अध्यक्ष चुने जाने पर तुम्हें बधाई है। पर यह काम तुमने क्यों स्वीकार किया? जिनके पास यश प्राप्त करने के लिए और कोई क्षेत्र नहीं होता है वे लोग राजनीति में जाकर यश पाने की लालसा करते हैं। तुम्हारे लिए यश का इससे बड़ा क्षेत्र सामने है।' अपनी बात को साफ-साफ कहने के आदी होने के नाते वे बिना हिचक अपना मत बिना लाग-लपेट के व्यक्त करते थे।

एक बार लोकबन्धु राजनारायण और मिश्र जी रात्रि में एक ही महाशय के अतिथि थे। वाराणसी के एक गाँव की घटना है। राजनारायण ने मिश्र जी से पूछा लिया आपका पचिय? मिश्र जी ने कहा कि मैं नाटककार लक्ष्मीनारायण मिश्र हूँ, तुम मुझे जानते होगे, विद्यालय में मेरा नाटक तुमने अवश्य पढ़ा होगा। राजनारायण को 'तुम' सम्बोधन और मिश्र जी की गर्वोक्ति अच्छी नहीं लगी। वे अपनी प्रशंसा में बोलने लगे कि मैं राजनारायण, आल इण्डिया सोसलिस्ट पार्टी का अध्यक्ष हूँ मैं किसी नाटक-फाटक लिखनेवाले को क्यों जानूँ? मिश्र जी उठकर वहाँ से जाने लगे। आतिथेय के हस्तक्षेप और मान-मनौवत पर मामला शान्त हुआ। जीवन भर मिश्र जी कभी राज-दरबार में या किसी मन्त्री-

राज्यपाल से व्यक्तिगत मुलाकात के लिए नहीं गये, यद्यपि कई साहित्यकार भी इन पदों पर रहे। स्वाभिमान से समझौता करना उन्हें स्वीकार नहीं था।

ऐसे स्वाभिमानी मिश्रजी लम्बी आयु जीकर अन्त में शरीर से अशक्त और व्याधि-जर्जर हो गये थे। वाराणसी के अपने निवास 'शारदापीठ' (गुरुधाम कॉलोनी) में रहते थे। उस समय स्वभावत: ही व्यक्ति परिवार के ऊपर आश्रित हो जाता है। मुझे पता है कि पुत्रों ने उनकी सेवा में कोई कमी नहीं की पर परवशता और पराधीनता का वह कष्ट भी उन्हें खलता था। आगन्तुक साहित्यकारों से अपनी व्यथा वे निम्नांकित श्लोक में व्यक्त करते थे :

जराकाले मृताभार्या, पुत्र हस्ते गतं धनम्।
भोजनं च बधू हस्ते, मृत्युरेव न संशय:।।

विद्यानिवास मिश्र : काशी की पाण्डित्य–परम्परा

काशी की पाण्डित्य–परम्परा की आधुनिक कड़ी में पं. विद्यानिवास मिश्र एक विलक्षण व्यक्ति थे। धोती, कुर्ता और कन्धे पर एक दुपट्टा; यही प्रत्येक ऋतु का पहनावा; गोरा—चिट्टा रंग, प्राय: मुस्कुराता हुआ चेहरा और सहज–सरल वार्त्तालाप यह उनकी विशेषता थी। देवरिया के गाँव में जन्मे, गोरखपुर विश्वविद्यालय से प्राध्यापन प्रारम्भ, देश–विदेश भ्रमण, नाना प्रकार के अध्यापकीय, प्रशासनिक, पत्रकारिता के दायित्वों को निभाते काशी में बस गये, काशी के हो गये और काशी की संस्कृति के प्रतीक जैसे बन गये। संस्कृत के विद्वान्, भाषाशास्त्र के पण्डित और हिन्दी साहित्य के आलोचक, अन्वेषक और ललित निबन्धकार के रूप में हिन्दी के इतिहास में प्रतिष्ठित पण्डितजी डॉ. धीरेन्द्र वर्मा, महादेवी वर्मा, हजारीप्रसाद द्विवेदी की भाँति संस्कृत के थे और हिन्दी में चमके। इन तीनों व्यक्तित्व का समावेश उनमें था। धीरेन्द्र जी का भाषाशास्त्र ज्ञान, महादेवी जी का गद्य–लालित्य और द्विवेदी जी की ललित निबन्धकला का संयोग उनमें था। राहुल सांकृत्यायन से प्रभावित और प्रेरणाग्राही थे तथा अज्ञेय के मित्र और प्रशंसक थे। कुलपति का पद, नवभारत टाइम्स के सम्पादकत्व और पद्मश्री–पद्मभूषण की उपाधियाँ उनके लिए छोटी थीं क्योंकि उन्होंने उनकी गरिमा का अहंकार और बोझ कभी नहीं ढोया। वे मित्रों, भक्तों, शुभचिन्तकों और अपने शिष्यों के लिए खाँटे भोजपुरिया थे—भोजपुरी में आत्मीय संवाद उनका स्वभाव था। काशी का फक्कड़पन भी कुछ–कुछ उनमें था—काशी का श्वेत चन्दन चर्चित ललाट और पान का बीड़ा उनके साथ–साथ रहता था—

ज्ञान खानि, अघ हानिकर और सकल गुन खानि।
जहँ बस शम्भु-भवानि सो कासी सेइय न कस।।

एक बार की बात है, मैं दिल्ली जा रहा था। शाहगंज स्टेशन पर मैं ए.सी.-2 में दो अन्य मित्रों के साथ बैठा। बैठते ही मैंने आस-पास की शायिकाओं को देखना शुरू किया कि शायद कोई और परिचित मिल जाय। बगल में ही पण्डितजी निचली शायिका पर बैठे मिल गये। मैंने प्रणाम किया और बगल में बैठ गया। बैठते ही पण्डितजी ने कहा : 'कन्हैया, तू बड़े मौके से मिल गइला। हम आपन पान रखवा के घर ही भूल गइलीं। कहीं से पान ले आवा।' मैं शाहगंज के प्लेटफार्म पर इस कोने से उस कोने घूम आया कहीं पान नहीं मिला। वास्तव में स्टेशनों पर पान बेचना प्रतिबन्धित हो गया था—कभी किसी ने पान में किसी को जहर दे दिया था। लौटकर बताया तो पण्डितजी का चेहरा उदास हो गया। तब तक मेरी नज़र ठीक उनके ऊपर की बर्थ के यात्री पर पड़ी जो पान की एक टोकरी से एक बीड़ा पान निकालकर खा रहे थे। मैंने पूछा : 'भाई साहब, आप काशी से आ रहे हैं?' उन्होंने कहा—'हाँ'। मैंने उन्हें नीचे बुलाया और पण्डितजी का परिचय दिया। नाम सुनते ही वे चरण स्पर्श करके कहने लगे—'पण्डित विद्यानिवास को काशी में कौन नहीं जानता?' मैंने उनसे कहा कि पण्डितजी की एक सेवा आपको करनी पड़ेगी। उन्होंने कहा—आदेश दीजिये। मैंने कहा कि पण्डितजी को भी पान खाने की आदत है। इनका ख्याल दिल्ली तक कीजियेगा।' पण्डितजी का चेहरा खिल उठा और कहने लगे : 'बड़े ठीक समय पर कन्हैया तू आ गइला—अच्छा भइल।'

पण्डितजी से कब और कहाँ मेरी पहली भेंट हुई, यह मुझे याद नहीं है। पर उनके तिरोधान से बीस-पचीस वर्ष पहले से मैं उनके सम्पर्क में आता रहा हूँ। जब मैं भाषा संस्थान, उत्तर प्रदेश का कार्यकारी अध्यक्ष था और डॉ. शरण बिहारी गोस्वामी हिन्दी संस्थान के कार्यकारी अध्यक्ष थे तो हम लोगों ने संस्थान का सर्वोच्च सम्मान-पुरस्कार 'भारत भारती' विद्यानिवास जी को देने का निश्चय किया था। विचारणीय नामों में डॉ.

नामवर सिंह का नाम भी था। पुरस्कार-सम्मान वितरित होने पर एक आधुनिक समकालीन कविता प्रतिष्ठित कवि डॉ. शरण बिहारीजी के कक्ष में आये। मैं भी संयोग से वहाँ था। उन्होंने कहा कि आप लोगों ने नामवरजी को भारत भारती न देकर विद्यानिवास जी को दिया, यह पक्षपात है। डॉ. गोस्वामी ने मेरी ओर देखा। मैंने उन सज्जन से कहा : भाई मैं नामवरजी की इज्जत आपसे कम नहीं करता हूँ। हमने कहाँ कहा कि नामवरजी 'भारत भारती' के योग्य नहीं हैं। बात यह है कि वह सम्मान एक ही है और दो विद्वानों का नाम था तो हमने उनमें जो आयु में वरिष्ठ और लेखन में विविध विधाओं में स्थापित हो चुका है, उसका चयन कर लिया। वे मौन हो गये।

1993 ई. महापण्डित राहुल सांकृत्यायन के पितृग्राम कनैला (चक्रपानपुर) आजमगढ़ में हम लोगों ने राहुल जन्मशती के मुख्य समारोह का आयोजन किया। जिसके स्वागताध्यक्ष श्री चन्द्रजीत यादव बनाये गये और उस कार्यक्रम का मुख्य स्तम्भ मैं और पं. अमरनाथ तिवारी दो ही आदमी थे। हम लोगों ने समारोह की अध्यक्षता के लिए विद्यानिवास जी को आमन्त्रित किया और उद्घाटन तिब्बती विश्वविद्यालय, सारनाथ के सद्दोङ्ग रिनपोछे ने किया। वे सहर्ष तैयार हुए और 9 अप्रैल (राहुल का जन्मदिन) को तेज धूप में कपड़े के शामियाने में दिन भर हम लोगों के साथ कनैला में रहे। राहुल जी के साथ उन्होंने हिन्दी साहित्य सम्मेलन की वृहद् कोश योजना में काम किया था और उनके पाण्डित्य के साथ उनके व्यक्तित्व से बहुत प्रभावित हुए थे। इस अवसर पर मेरा उनसे विशेष सान्निध्य और एक दूसरे को समझनें का अवसर मिला। मेरे प्रति जो वात्सल्य उन्होंने प्रकट किया उससे तो मैं अभिभूत हुआ ही उन्होंने मेरे लेखन के प्रति भी इस रूप में विश्वास प्रकट किया कि वहीं उन्होंने मुझे आदेश दिया कि तुम राहुल सांकृत्यायन पर एक ऐसी छोटी पुस्तक लिखो जिससे किसी जिज्ञासु व्यक्ति को राहुल के सम्पूर्ण व्यक्तित्व का परिचय हो जाय। उनके आदेश को स्वीकार करके मैंने एक वर्ष के

अन्दर ही वह पुस्तक लिख डाली। यह कार्यक्रम काशी-प्रयाग के अनेक विद्वानों का संगम था और इसी में उनका विशेष सानिध्य मुझे प्राप्त हुआ।

राहुल जी पर ही एक गोष्ठी का आयोजन आजमगढ़ के नेहरू हॉल में 'राहुल स्मृति केन्द्र' की ओर से किया गया था, जिसमें पण्डितजी आये थे। उस समय वे सम्पूर्णानन्द संस्कृत विश्वविद्यालय, वाराणसी के कुलपति थे। बहुत-से वक्ताओं ने उनके पूर्व विचार व्यक्त किये। मैं भी पण्डितजी के पहले अपने विचार व्यक्त कर चुका था। मैंने विशेष रूप से राहुल जी के जनपदीय भाषा (लोकभाषा) के विकास और जनपदीय भाषा आन्दोलन के प्रति राहुल जी के दृष्टिकोण की चर्चा की थी। पण्डितजी ने अपने व्याख्यान में प्रारम्भ में ही मेरे वक्तव्य की चर्चा की और कहा कि—"कन्हैया ने राहुल जी के जीवन के एक बड़े ही महत्त्वपूर्ण पक्ष की ओर संकेत किया है और इसी विषय पर केन्द्रित उन्होंने अपना सारा व्याख्यान दिया। इतने बड़े विद्वान् का मुझ जैसे एक सामान्य लेखक का उल्लेख करना मेरे लिये उत्साहवर्द्धक था और शायद इसीलिए उन्होंने मेरे नाम का उल्लेख भी किया होगा।"

यह कदाचित् 1977 ई. की बात है। जब पण्डितजी आगरा विश्वविद्यालय के कन्हैयालाल माणिकलाल मुन्शी हिन्दी तथा भाषाविज्ञान विद्यापीठ के निदेशक थे। उन्होंने एक बड़ी ही उच्चस्तरीय परिचर्चा का आयोजन किया था, जिसका विषय था—'जनतन्त्र में भाषा आयोजन। यह कार्यक्रम उत्तर प्रदेश हिन्दी संस्थान के सह—संयोजन में आयोजित था। उस समय हिन्दी संस्थान के कार्यकारी अध्यक्ष आचार्य हजारीप्रसाद द्विवेदी और निदेशक ठाकुरप्रसाद सिंह थे। इस संगोष्ठी में पहले दिन की अध्यक्षता हजारीप्रसाद जी ने की और दूसरे दिन की हिन्दू विश्वविद्यालय के डॉ. गोपाल त्रिपाठी ने। उद्घाटन भाषण अज्ञेय जी ने किया और वक्ताओं में रामविलास शर्मा, डॉ. प्रेमस्वरूप, जैसे दिग्गज विद्वान् थे। उसमें बोलने के लिए विद्यानिवास जी ने

मुझे भी आमन्त्रित किया। मैं नहीं जानता इतने बड़े विद्वानों के प्रभामण्डल में मुझे बुलाने की प्रेरणा उन्हें कैसे हुई पर मैं समझता हूँ कि यह भी मेरे प्रति उनका वात्सल्य, अतिशय प्रेम और मेरे वक्तव्य के प्रति विश्वास ही कारण रहा होगा। मैंने उनके विश्वास के अनुरूप अपने विचार भी रखे। क्योंकि बाद में आचार्य द्विवेदी ने मेरे वक्तत्व्य पर मेरी पीठ ठोककर मुझे आशीर्वाद दिया।

मैं 1967 ई. में आगरा के उसी विद्यापीठ में प्रवक्ता के रूप में काम कर चुका था और वहाँ के अध्यापक मुझे बड़ा स्नेह प्रदान करते रहे, किन्तु मैं अपने निजी कारणों से ही एक साल बाद पुनः आजमगढ़ अपने पूर्व महाविद्यालय में लौट आया था। डॉ. माताप्रसाद गुप्त के निधन के बाद पाठालोचन विषय का मुझे छोड़कर कोई दूसरा अध्यापक नहीं था। पाठालोचन उस संस्था का मुख्य विषय था। वहाँ पाण्डुलिपियों का बहुत बड़ा संग्रहालय था। 1978 में विद्यापीठ के कुछ पदों का विज्ञापन हुआ, जिसमें पाठालोचन विषय के एक रीडर के पद पर का भी था। चूँकि मैं अपने महाविद्यालय में रीडर था और लगभग वही वेतनमान पा रहा था, जो विश्वविद्यालय का था। अतः मेरी जरा भी रुचि वहाँ जाने की नहीं थी। उन्हीं दिनों किसी काम से विद्यानिवास जी लखनऊ आये थे और मेरी सचिवालय में ही उनसे भेंट हुई। उन्होंने विज्ञापन की सूचना दी और कहा—'यह पद तुम्हारे लिये ही मैंने विज्ञापित किया है, अतः तुम प्रार्थना-पत्र भेज दो।' मुझे सहसा विश्वास नहीं हुआ कि पण्डितजी को कुछ भी कह रहे हैं वह सही है। अतः मैंने उस बात को कोई महत्त्व नहीं दिया। दूसरे दिन मैं सूचना विभाग में ठाकुरप्रसाद सिंह के यहाँ गया तो उन्होंने बताया कि 'कल विद्यानिवास जी आये थे और तुम्हारी नियुक्ति के बारे में कह रहे थे।' अब मुझे लगा कि वस्तुतः विद्यापीठ में पाठालोचन के भविष्य को लेकर वे मुझे वहाँ बुलाना चाहते हैं, किन्तु साक्षात्कार के बाद जो फल आया तो पता चला कि डॉ. महेन्द्रनाथ दुबे रीडर हो गये और पाठालोचन के स्थान पर परिवर्तन करके वह पद मध्यकालीन काव्य का बना दिया गया था। इससे मुझे कोई क्षोभ नहीं हुआ क्योंकि मैं विद्यापीठ की राजनीति से पहले ही ऊब चुका था और वहाँ जाने को उत्सुक नहीं

था। बाद में महेन्द्रनाथ दुबे के पण्डितजी से बड़े कटु सम्बन्ध हो गये। एक मुलाकात में उन्होंने मुझसे कहा कि कन्हैया महेन्द्र को नियुक्त करके मैंने बड़ी भारी गलती की। यह स्वीकारोक्ति उनकी सरलता और स्पष्टवादिता का द्योतक थी।

पटना के महाराणा प्रताप हॉल में अखिल भारतीय साहित्य परिषद् की तरफ से एक संगोष्ठी का आयोजन था, जिसकी अध्यक्षता मैं कर रहा था उद्घाटन संघ के सर कार्यवाह श्री हो.वी. शेषाद्रि जी ने किया और मुख्यवक्ता पण्डित विद्यानिवास जी थे। मंच पर हम ही तीन व्यक्ति थे। मंच पर चढ़ने से पहले ही मैं पण्डितजी का चरण स्पर्श कर चुका था। पर मंच पर पण्डितजी इतने गम्भीर थे कि मुझ कनिष्ठ का हाल-चाल भी नहीं पूछा। बड़ी देर तक उनकी यह गम्भीरता बनी रही तो मुझे भी ताव आया और मैंने अपना मुँह दूसरी तरफ फेर लिया और मैं भी उतना ही गम्भीर बन गया। पर थोड़ी ही देर में ही पण्डितजी ने सहज भाव से भोजपुरी में मुझसे कहा तुम कब आये? क्या हाल-चाल है तुम्हारा? इस समय क्या लिख-पढ़ रहे हो? मैं अपनी जड़ता और पण्डितजी की महानता पर पानी-पानी हो गया। मैं भ्रम में था कि पण्डितजी अहं में गम्भीरता धारण किये हैं, पर अब लगा कि कदाचित् वे अपने वक्तव्य के बिन्दुओं को सोचते रहे होंगे। पण्डितजी की बहुत बड़ी विशेषता थी कि वे प्रकाण्ड पाण्डित्य के बाद भी सरल, सहज और अकुण्ठ आत्मीयता के प्रतीक थे। भोजपुरियों से वे बातचीत सदैव भोजपुरी में करते थे।

एक बार दिल्ली के कास्टीच्यूशन क्लब के हॉल में 'एकात्म मानववाद' पर पण्डितजी का व्याख्यान था, मैं भी श्रोता था। व्याख्यान तो बड़ा विद्वत्तापूर्ण था और पूरे एक घण्टे का। पर उन्होंने वक्तव्य के बीच में यह कहा कि—'अपने दर्शन में तो एकात्म भाव मानव में ही नहीं समस्त जीवों में देखा गया है।' उन्होंने यह भी कहा कि—'यदि दीनदयाल जी जीवित होते तो मैं उन्हें सुझाव देता कि 'एकात्म मानववाद' के स्थान पर वे इसे 'एकात्म जीववाद' कहें।' गोष्ठी समाप्त होने पर उस भीड़ में मैं पण्डितजी के पास पहुँचा और कहा—

“पण्डितजी, दीनदयाल उपाध्याय अध्यात्मवादी दार्शनिक नहीं थे वे एक राजनेता थे और उनका संगठन मनुष्यों का संगठन है। जीवों का नहीं। इसलिए उन्हें ‘एकात्म मानववाद’ को ही प्रतिष्ठित करना पड़ा।” पण्डितजी ने हँसकर कहा—‘मैं राजनीतिज्ञ तो हूँ नहीं इसलिए मेरे लिये एकात्म जीववाद सही है और तुम लोगों के लिए एकात्म मानववाद। पण्डितजी वाक्पटु तो थे ही वार्त्तालाप में भी और अपने सम्बोधन में भी।

पण्डितजी केवल गोष्ठियों और सभाओं तक ही अपनों से सम्बन्ध नहीं रखते थे बल्कि वे उनके व्यक्तिगत जीवन के भी साथ जुड़ते थे और उनके सुख–दु:ख के साथी बनते थे। मेरे पुत्र चित्रसेन की अरुणिमा से शादी दिसम्बर 8, 1978 को हुई। मैंने पण्डितजी को भी निमन्त्रण भेजा। उस समय के आगरा में ही ‘छितवन की छाँव’ वाले बँगले में रहते थे। मैं जानता था कि पण्डितजी आ तो नहीं पायेंगे पर उनका आशीर्वाद ही काफी होगा और उन्होंने बड़ा ही सुन्दर श्लोकबद्ध आशीर्वाद भेजा जो इस प्रकार है—

|| श्री:||

आगरा 6–12–78

स्वस्ति!

प्रिय श्री कन्हैया सिंह

विवाह का निमन्त्रण मिला। दम्पती के अभ्युदय की हार्दिक कामना करता हूँ और सपरिवार आपको बधाई देता हूँ :

सचित्रारुणिमा भूयाचित्रसेन परिग्रहात् ।
वरोभूयात् कुलोत्रंसो बध्वारुणया चितम् ।।

सस्नेह,

विद्यानिवास

नोट:—*पत्र उनकी हस्तलिपि में और सामान्य पोस्ट कार्ड पर है।*

एक बार गोरखपुर में वाराणसी जाते समय पण्डितजी लक्ष्मीनारायण मिश्र के आजमगढ़ वाले बँगले पर रुके थे। रात्रि-विश्राम करके दूसरे दिन बनारस जानेवाले थे। मैं दूसरे दिन प्रात:काल मिश्र जी के बँगले पर उनसे मिलने पहुँचा। पण्डितजी बाहर मैदान में ही दातून कर रहे थे। उसके पश्चात् बातचीत के क्रम में मैंने पूछा—''पण्डितजी कुछ बड़े नये कवियों को छोड़कर नयी कविता के नाम पर तो घास-भूसा ही लिखा जा रहा है और आपका भी आशीर्वाद ऐसे कवियों को मिलता रहता है।'' पण्डितजी ने कहा—'यह तो मुझे नवयुकों को प्रोत्साहन देने के लिए करना पड़ता है। अभी एक कवि ने लिखा कि ''नाइलोन की साड़ी-सी साँझ।' अब यहाँ शाम और नाइलोन की साड़ी से क्या मेल है, लेकिन मैंने उसकी पीठ ही ठोंकी।

आजमगढ़ से पण्डितजी का बड़ा नाता था और नाते के दो सेतु थे—लक्ष्मीनारायण मिश्र और गुरुभक्त सिंह 'भक्त'। वरिष्ठ एडवोकेट पण्डित रमाकान्त मिश्र जी उनके किसी रिश्ते में पड़ते थे। पण्डितजी को जन्म देने का सौभाग्य तो देवरिया जनपद को मिला था। किन्तु हम आजमगढ़वासियों का दुर्भाग्य है कि गोरखपुर से वाराणसी कार से यात्रा करते समय इस जनपद की सीमा में प्रवेश करते ही ग्राम-महुला के आस-पास कार-दुर्घटना में उनका शरीरान्त हो गया। जनपद में शोक की लहर छा गयी और सैकड़ो साहित्यकार समाचार पाते ही अपनी श्रद्धा व्यक्त करने के लिए इस महान् विद्वान् रचनाकार के क्षत-विक्षत शरीर के अन्तिम दर्शन के लिए पहुँच गये। वाल्मीकि ने लिखा कि—

सर्वे क्षयन्ता निचया पतनान्ता समुक्षया।
संयोगा वियोगान्ता पतनान्तं त जीवनम् ।।

जन्म लेनेवाले का मरण ध्रुव है, पर पण्डित विद्यानिवास की का मरण भी विशिष्ट है। वे सरयू की माटी में जन्मे और उसी के किनारे

उन्होंने शरीर छोड़ा। अपने जनपदीय प्रेम के रूप में उनका निधन भी अपनी प्यारी माटी में ही हो गया, उस सरयू के वीर पर जिसके बारे में राम ने कहा था :

जन्मभूमि मम परम सुहावनि।
उत्तर दिसि बह सरजू पावनि।
जा मज्जन से बिनहि प्रयासा।
मम समीप नर पावइ बासा।

विवेकी राय : बन्धु, सखा और सन्त

एक जमाना था जब बनारस का 'आज' अख़बार उत्तर प्रदेश का सबसे प्रमुख अखबार था। उसमें दो स्तम्भ बराबर निकलते थे—एक था 'चतुरी चाचा की चटपटी चिट्ठी' जिसके लेखक थे डॉ. मुक्तेश्वर तिवारी 'बेसुध' बलियाटिक, जो चितबड़ागाँव, इण्टर कॉलेज में वाणिज्य के प्राध्यापक थे और 'चतुरी चाचा' के नाम से भोजपुरी में लिखते थे और दूसरा स्तम्भ था—'मनबोध मास्टर की डायरी' जिसके लेखक विवेकी राय थे, जो किसी छोटी पाठशाला में शिक्षक थे। गाँव-देहात की चर्चा रिपोर्ताज के रूप में गँवई अन्दाज में किन्तु बड़ी ही बारीकी से समाज, देश और समय पर व्यंग्य और टिप्पणी के साथ यह डायरी निकलती थी। बहुतों की तरह मैं भी यह डायरी जरूर पढ़ता था। तब तो यही समझ में आता था कि कोई मनबोध मास्टर नामक व्यक्ति ही यह स्तम्भ लिखता है, जो स्तम्भ के साथ छपे उस आदमी जैसा ही होगा जो धोती कुरता टोपी में और बगल में छाता दबाये चलता होगा। बाद में मेरा यह भ्रम टूटा। तबसे ही कलम की मार्फ़त मैं विवेकी उर्फ़ मनबोध मास्टर को जानता-मानता रहा हूँ।

बीसों बरस तक मैं नहीं जानता था कि यह मनबोध नामक सज्जन कहाँ के हैं, कहाँ रहते हैं और क्या करते हैं! अनुमान से इतना तो जरूर जानता था कि ये मास्टर तो हैं ही पर इससे ज्यादा कुछ भी नहीं। कुछ दिन बाद विवेकी राय के संस्मरण और उपन्यास भी पढ़ने को मिले और हिन्दी के एक शैलीकार मँझे हुए लेखक के रूप में

उनकी पहचान भी हो गयी। 1961-62 में मैं आजमगढ़ में हिन्दी का अध्यापक होकर आ गया और कुछ ही दिनों में हिन्दी अध्यापकों के संगठन में भी रुचि लेने लगा, तो पता चला कि गाजीपुर स्नातकोत्तर महाविद्यालय में हिन्दी में प्राचार्य डॉ. मोती सिंह, अध्यक्ष डॉ. जितेन्द्रनाथ पाठक तथा प्रवक्ता डॉ. विवेकी राय हैं। मेरी रुचि राय साहब में ही विशेष थी, पर संयोग ऐसा कि उनसे कॉलेज में भी जब भी कभी मेरा वहाँ जाना हुआ, वे मिले नहीं और मुझे अवसर नहीं मिला कि घर जाकर उनसे मिलूँ।

इस बीच विवेकी राय से मेरी भेंट धर्मयुग, ज्ञानोदय, कादम्बिनी, साप्ताहिक हिन्दुस्तान आदि के लेखों के मार्फत हो जाती थी। रेखाचित्र और रिपोर्ताज जो उनकी कलम से निकलते थे, वे मुझे बड़े परिचित और जाने-पहचाने-से लगते थे। उनके चरित्र और चेहरे, उनकी चाल-ढाल, उनका भोलापन और काइयाँपन सब- कुछ मुझे अपने गाँव-गिराँव में देखने को मिल जाता था। यह जरूर है कि उनके संस्मरणों, रेखाचित्रों, रिपोर्ताजों में आंचलिक अन्तर जो मेरे गाँव-देहात को उनके गाँव-देहात से अलग करता था, उसे छोड़कर मुझे लगता था कि उनके पात्र मेरे भी इर्द-गिर्द हैं, भले ही उनके नाम दूसरे हों। मेरा घर तो भैंसही के तट पर है, पर वह नदी जैसी है ही नहीं, एक नाला है जो तालों से मिलकर बढ़ता है और मीलों आगे जाने पर नदी का रूप ग्रहण करता है। अत: नदी-तट की प्राकृतिक छवि हमें वर्षाकाल में ही मिलती है। पर विवेकी राय का गाँव सोनवानी मँगई के तट पर है जो चितबड़ागाँव के निकट है और मँगई वहाँ एक नदी जैसी बन गयी है। वैसे वह इलाका 'करइल' क्षेत्र कहा जाता है जहाँ की माटी काली, चिकनी और चिपचिपी होती है। एक बार वर्षाकाल में करइल क्षेत्र में जाने का मौका मिला था। पानी बरस गया तो मोटर साइकिल के पहिये में इतनी मिट्टी चिपक गयी कि उसका चलना दूभर हो गया। जब पैदल चला तो, जूतों में दो-दो किलो मिट्टी चिपककर चलना मुश्किल कर देती थी। अब वह 'करइल' कहाँ है? पर तब वहाँ रहना, चलना, पढ़ना और बढ़ना सब मुश्किल था। उसी गाँव से

इनका नाता था, पर जन्म लेने के लिए परमात्मा ने इन्हें पुण्य सलिला गंगा के निकटवर्ती भरौली गाँव में, (उजियार, बलिया) जहाँ ननिहाल है, व्यवस्था की थी। जन्म पूर्व पिता की आकस्मिक मृत्यु और माँ का मायके-प्रवास। वहीं जन्म। दोनों ही गाँव प्रकृति की छाँव में। सभ्यता से कितना दूर, सहजता, सरलता, आत्मीयता के साथ ही शोषण, दोहन और मगरमच्छों से त्रस्त जन का 'जाही विधि राखे राम, ताही विधि रहिये' की रहनी के परिवेश में बचपन और जवानी बीती। इसी वजह से उनके चित्रों में ताजगी और जिन्दादिली रहती है। एक खास बात जो मुझे भी खींचती थी कि लेखक अपने लेखन से कहीं भी अलग नहीं है, वह उसका अंग है। वह अपने पात्रों के साथ ही उनसे बोल रहा है, हँस रहा है, उनसे मेल है और जो अनमेल हैं उनका भी वह द्रष्टा और साक्षी है। जिस प्रकृति का वह चित्र खींचता है, उसमें वह रचा-बसा है। अत: कलम से परिचय और इतनी गहरी छाप कि लेखक मेरा प्रिय लेखक बन गया। बल्कि श्रद्धास्पद बन गया।

पूर्वांचल विश्वविद्यालय जौनपुर की स्थापना 69-70 ई. में हुई तो उसकी हिन्दी पाठ्यक्रम समिति में प्रथम दो वर्षों तक मैं सदस्य और तदनन्तर संयोजक अध्यक्ष बना। मैंने प्रयत्न किया कि विवेकी राय का एक उपन्यास एम.ए. के पाठ्यक्रम में करवाया जाय। न श्री राय से कभी की मेरी भेंट और न उनकी या उनकी ओर से कोई पैरवी। मुझे उनका आलेख इस क्षेत्र के गाँव की जिन्दगी का आईना लगता था। यह विशेषता उनके उपन्यासों में भी थी। दूसरी बात यह थी कि मैं चाहता था कि इस अंचल के लेखकों को भी पाठ्यक्रम में स्थान मिले। शिवप्रसाद सिंह और विवेकी राय के उपन्यासों में चुनना था। शिवप्रसाद सिंह में शिल्प और शैली तो उच्चकोटि की थी, पर इतिहास का घटाटोप छात्रों को दुरूह पड़ेगा। अत: मैं आधुनिक प्रेमचन्द-जैसे लगनेवाले विवेकी राय के पक्ष में था और उनका उपन्यास 'लोकऋण' हमने दूसरे उपन्यास के रूप में चुना। पहला 'गोदान' यथावत् बना रहा। इसे प्रकाशक ने 'बनगंगी मुक्त है' के नाम से भी बाद में छापा था। इस उपन्यास में स्वातन्त्र्योत्तर भारत का चित्र

है, जिसका नायक स्वतन्त्रता संग्राम सेनानी है। चरित्रवान् है, ईमानदार है, विकास में आमजन की भागीदारी का पक्षधर है, पर उसका भाई ही ग्राम-प्रधान है, जो आज के ग्राम-प्रधानों का ही पूरा-पूरा 'मॉडल' है, जो गाँव समाज की सार्वजनिक भूमि 'बनगंगी' को अपने नाम कराता है। आजादी के बाद की गिरावट और आजादी के दीवानों तथा देश में कुकुरमुत्ते जैसे जन्मे नये नेताओं की कतार का अन्तर इसमें चित्रित है। सफेद वेश के नीचे कितनी कालिमा छिपी है इसका बड़ा बारीक और आँखों देखा चित्र इसमें है। इसे पाठ्यक्रम में रखने की वकालत करने के पहले मैं पढ़ गया। फिर तो 'सोनामाटी' को मँगाकर पढ़ने लगा। 'करइल' की माटी सोना है। पर वह सोना किसान के घर पहुँच कहाँ पाता है? अत: यह सोना किसान के लिए माटी ही बनकर रह जाता है। इसी थीम को रचनाकार ने दबंगों, नेताओं, ठेकेदारों और सरकारी अमलों के नकली चेहरों और उनकी भ्रष्ट करतूतों के जीवित चित्रों के माध्यम से व्यक्त किया है। एक तरफ वे चेहरे हैं, दूसरी ओर रामरूप मास्टर जैसे बुद्धिजीवी जो सोचते हैं—कसमसाते हैं—तिलमिलाते हैं, पर अपने 'अहं' की खोल ओढ़े निष्क्रिय ही रहते हैं और अन्तत: स्वयं प्रताड़ना सहने को विवश होते हैं। गाँव की छोटी जाति की सुन्दर लड़कियों का भूपतियों और धनवानों द्वारा कामुक शोषण, खाद्यान्न योजना में घोटाला और मजदूरों की मजदूरी में भी बेईमानी, शादी-विवाह के दहेज-फिजूलखर्ची और विकास की योजनाओं में अपार भ्रष्टता के सभी चित्र इसमें है। मुझे लगा, इस लेखक के साथ तो आलोचकों ने बड़ी बेईमानी की है। यह तो दूसरा प्रेमचन्द है। आजादी के पूर्व के प्रेमचन्द का आजादी बाद का यह अवतार है। इसे प्रतिष्ठित होना चाहिए।

एक बार मैं गाजीपुर उनसे मिलने के ही निमित्त से गया। बड़ीबाग मुहल्ले में 'डॉ. विवकी राय मार्ग' पर सड़क से हटकर गली में एक साधारण-सा मकान जिसका नाम है—'गँवई-गन्ध-गुलाब'। इसी में वे रहते हैं। मैं सबेरे ही कोई 8 बजे पहुँचा। स्नान-ध्यान, पूजा-पाठ के बाद आधी बाँह की गोल गले की बण्डी और धोती पहने बैठक

में राय साहब आये। मैंने अपना नाम बताया। गले से लिपट गये–मानहु रंक महानिधि पाई। पर क्यों? मैं तो सोचता था कि मुझे वे जानते भी हैं या नहीं। पर यहाँ तो लगा कि वे मेरे बारे में ज्यादा जानते हैं। लेखक के नाते तो मैं खाक हूँ पर उस जमाने में मैं राजनीति में चर्चित था। नगरपालिका का अध्यक्ष—वह भी इस जमाने में निर्विरोध। 19 महीने मीसा का बन्दी—जे.पी. आन्दोलन में। गोरखपुर विश्वविद्यालय के महाविद्यालय–शिक्षक–संघ का महामन्त्री। यही सब वजह थी कि समाचार–पत्रों में नाम किसी–न–किसी बहाने आता रहता था। इसी नाते शायद मुझे जानते थे और मैं भी पड़ोसी जिले में उनका सहधर्मी एक अध्यापक। कितना प्यार, कितना सम्मान, कितनी आत्मीयता, घण्टों समय बीत गया बात करते। सारी पुस्तकें जो उनके पास उपलब्ध थीं—मुझे भेंट किया। जब चलने की बारी आयी तो पूछा : आखिर कैसे आप आये? कोई प्रयोजन तो था नहीं, सिर्फ मिलने के। मन में बात आयी और कह दिया : 'राय साहब आपने बहुत लिखा—गाँव पर, प्रकृति पर, मानव प्रवृत्ति पर। अब कुछ देश पर लिखिये। देखिये देश बड़े संकट के दौर में है और लेखकों का ध्यान उधर उतना नहीं है, जितना चाहिए।' हँसते हुए उन्होंने बात सुनी और उत्तर में कुछ नहीं कहा।

साल भर या कुछ ज्यादा बीतने पर उनका एक कार्ड मिला कि आपके कथनानुसार मैंने एक उपन्यास 'मंगल–भवन' लिखा है जो प्रभात प्रकाशन से छपने जा रहा है। मैंने वह उपन्यास प्रकाशक से लिया और पढ़ गया। सचमुच बड़ा बेजोड़ उपन्यास। ऐसा उपन्यास तो मुझे कोई दूसरा मिला ही नहीं। इसमें एक लेखक और एक सेना के अवकाश प्राप्त सैनिक के माध्यम से एक 'घर' के टूटने, बँटने, उजड़ने, खोदने और बर्बाद होने की कहानी है, जिस घर का नाम सैनिक ने 'मंगल–भवन' रखा था। सैनिक की कमाई से बना 'मंगल–भवन' और 'स्वतन्त्रता के सैनिकों से बना भारत (मंगल–भवन की कल्पना को साकार करने) एक ही नियति को पहुँचते हैं। समसामयिक भारत की सारी गतिविधियाँ, बेकारी, आन्दोलन, बेकारों का राजनीति

में प्रवेश और तमाम बातें। स्वतन्त्र भारत का एक ऐसा दस्तावेज जो वर्तमान का एक सशक्त महाकाव्य कहा जा सकता है। फिर वही सवाल कि इस पर सार्थक आलोचना क्यों नहीं आयी। आलोचकों की नजर में ऐसी रचनाएँ क्यों नहीं आतीं। इस 'मंगल-भवन' के बाद 'अमंगलहारी' भी लिखा गया भोजपुरी में; जिसका अनुवाद खड़ीबोली में भी हो गया है। 'मंगल-भवन' का नायक भारत देश है और 'अमंगलहारी' की नायिका भारत माता है। मुझे ऐसे रचनाकारों की उपेक्षा बड़ी खलती है।

मैंने केन्द्रीय हिन्दी-संस्थान आगरा (मानव-संसाधन मन्त्रालय द्वारा प्रायोजित) के द्वारा आमन्त्रित पुरस्कारों में 'राहुल सांकृत्यायन पुरस्कार' के लिए उनका नाम प्रस्तावित किया और निर्णायकों ने उसे स्वीकार कर लिया। एक लाख के इस पुरस्कार के बाद उन्हें 'मूर्तिदेवी सम्मान' भी प्राप्त हुआ। और भी तमाम सम्मान-पुरस्कार उन्हें प्राप्त हुए, पर मेरी समझ में उन्हें जितना सम्मान मिले, वे उसके पात्र हैं। हाँ वे किसी से न कहते हैं और न कहवाते हैं। सारे सुख-दुःख और प्राप्ति-अप्राप्ति को प्रभु की कृपा समझते हैं।

'नहिं जाचकनहिं संग्रही सिर नवाइ नहिं लेइ, ऐसे पापी चातकहिं को वारिद बिनु देइ।'

गाजीपुर में मेरे एक मित्र हैं, श्री शेषनाथ राय, एडवोकेट। वे भी डॉ. विवेकी राय के प्रशंसकों और मित्रों में हैं। शेषनाथ स्वामी स्वतन्त्रानन्द जी के भक्त हैं और मैं भी उनसे बहुत प्रभावित हूँ। गाजीपुर के मुहम्मदाबाद के पास तमलपुरा ग्राम में स्वामी जी से राय साहब को उन्होंने मिलाया, तो राय साहब भी उनसे बहुत प्रभावित हुए। अब राय साहब और मेरी निकटता का एक सूत्र और जुड़ गया। काशी के पंचगंगा घाट पर रामानन्द स्वामी के श्रीमठ में स्वामी रामनरेशाचार्य के यहाँ भी यदा-कदा मैं जाता रहता हूँ। पता चला कि डॉ. राय साहब वहाँ के भी सम्पर्क में रहतें हैं और वहाँ से रामानन्द जी पर प्रकाशित एक पुस्तक का सम्पादन भी उन्होंने किया है। उनमें

एक बड़े रचनाकार के साथ ही एक आस्तिक का विशाल हृदय है, जो उनकी विनम्रता और मानवीय संवेदना का आधार है।

एक बार उ.प्र. हिन्दी संस्थान की कार्यकारिणी में मैं सदस्य था। संस्थान की बैठक के पूर्व मुझे पता चला कि डॉ. विवेकी राय को दिल का दौरा पड़ा था, पर सँभल गया है। मैंने प्रस्ताव करके उन्हें चिकित्सा हेतु, साधारण-सी धनराशि स्वीकृत करा दी। लोगों ने कहा उनका कोई प्रार्थनापत्र तो है नहीं। मैंने कहा कि कोई भी सम्मानित व्यक्ति भरसक आर्थिक सहायता की याचना नहीं करता। अत: हमें स्वयं अपने विवेक से सूचना मिलने पर यह धन ससम्मान लेखक के पास पहुँचाना चाहिए। चेक जाने के पूर्व मुझे डर लगा कि कहीं महाशय जी उसे अस्वीकार न कर दें। अत: मैंने फोन से बता दिया कि चेक जा रहा है। मेरा विनम्र आग्रह है कि आप इसे स्वीकार कर लें। उन्होंने कहा कि अरे भाई, इसकी जरूरत नहीं थी। प्रभु सब व्यवस्था करता है। इस छोटी-सी घटना को राय साहब आज तक याद रखते हैं। कहते हैं कि बिना माँगे और बिना बताये ऐसा काम आजकल तो कोई करता नहीं। मुझे भी अनुभव हुआ कि बड़ा-बड़ा काम दूसरों का किया है। किसी को कॉलेज की नौकरी दिलायी, किसी की गयी नौकरी लड़कर बहाल करायी, किसी की लाखों की पुस्तकें खरीदवायी पर कोई तो याद नहीं करता है। उल्टे एकाध भक्त तो ऐसे हैं जिन्हें नौकरी दिलायी पर वे गाली देते फिरते हैं। इस जमाने में डॉ. विवेकी राय जैसे लोग भी है, जो सरसों को सुमेरु जैसी महत्ता प्रदान करते हैं।

जीवन के संघर्षों को झेलते हुए एक आदमी प्राइमरी, मिडिल, हाईस्कूल, फिर स्नातकोत्तर कॉलेज में क्रमश: अध्यापन करते जमीन से ऊपर अपने बूते उठता गया। मिडिल पास की लियाकत पर नौकरी करते व्यक्तिगत रूप से एम.ए., पी-एच.डी. तक की उपाधियाँ पायीं। संस्मरण, रेखाचित्र, रिपोर्ताज़, कहानी, उपन्यास, आलोचना, ललित निबन्ध, कविता सभी विधाओं में लिखा और साहित्य में स्थान बनाया। जो खड़ीबोली हिन्दी और अपनी मातृभाषा भोजपुरी में समान अधिकार

से लिखता और बोलता है, वह विनम्र कितना है, निरहंकार कितना है, संवेदनशील कितना है! घर की परिस्थितियों ने, बीमारी ने, उम्र ने, कुछ मित्रों ने तोड़ना चाहा, पर वह टूटा नहीं, अपनी मस्ती में वटवृक्ष की तरह झूमता हुआ, स्वयं अनन्त आकाशीय जड़ों से अपना पोषण प्राप्त करते हुए समाज को शीतल छाया प्रदान करता है। यही वजह है कि मुझे वे एक बन्धु, सखा तो लगते ही हैं, क्योंकि यही स्नेह उनसे मिलता रहता है; पर सबसे ऊपर वे एक सन्त हैं। एक बार मैंने फोन पर उन्हें बताया कि आजकल थोड़ा रक्तचाप बढ़ जाता है मेरा। तो बोले : 'यह क्यों सोचते हैं। मुझे रक्तचाप है, दिल की बीमारी है, और पता नहीं क्या-क्या है? पर मैंने इन सारी बीमारियों से दोस्ती कर ली है।' बीमारियों से दोस्ती और विरोधियों से भी सामंजस्य, कोई सन्त ही कर सकता है।

हिन्दी के नामवर : अपनों पर निछावर

चन्दौली तहसील (अब जिला) के अत्यन्त सुदूर अंचल में जीयनपुर गाँव में जन्मे नामवर के माँ-बाप ने किस मुहूर्त्त में उनका नामकरण किया था कि उन्होंने अपने नाम के अनुरूप ही हिन्दी आलोचना में नामवर प्राप्त की। चन्दौली मुख्यालय से सकलडीहा होते हुए धानापुर और वहाँ से भी 8 किमी. दूर उनका गाँव। गाँव से उठकर वह देश की राजधानी में पहुँचे और विवादों-मतान्तरों-मतभेदों के भी बीच वे हिन्दी के शीर्षस्थ सामालोचकों की गणना में आ गये।

'मणि माणिक मुक्ता कवि कहही, उपजहिं अनत-अनत छबि लहहीं।' नामवर से मेरा परिचय पहले हुआ। बाद में कुछ रिश्तों की निकटता। अनुज काशीनाथ का विवाह मेरे परम मित्र महेन्द्र प्रताप सिंह की बहन से हुआ जो मेरी भी बहनतुल्य है। फिर मेरे आत्मीय डॉ. बच्चन सिंह के पुत्र से नामवर सिंह के प्रयास से केदानाथ सिंह की पुत्री का विवाह भी हुआ।

नामवर सिंह ने गाजीपुर के एक व्याख्यान में कहा था कि एक बात जो मैं अपने जीवन में सबसे महत्त्व की मानता हूँ, वह यह कि 'यदि किसी ने मेरे लिये कुछ किया है तो मैं उसकी कृतज्ञता को कभी नहीं भूलता।' यह एक बहुत बड़ी बात है। इसका साक्षी मैं स्वयं हूँ और आगे के संस्मरण में उसका उल्लेख करूँगा। शायद यही बात है कि नामवर विचारों से विपरीत लोगों के भी मित्र रहे। विष्णुकान्त शास्त्री और अटल बिहारी वाजपेयी से उनके अच्छे सम्बन्ध थे। आज कोई भी

एहसान नहीं मानता। ऊपर से एहसान करने वाले के प्रति शत्रुता का भाव भी रखता है। ऐसे कृतघ्न लोगों के सम्बन्ध में सुग्रीव के प्रति लक्ष्मण के ये कथन बड़े उपयुक्त हैं :

लक्ष्मण ने तब कहा, अरे निर्लज्ज दूर हो,
क्यों कृतघ्न हो गया राजमद चूर्ण-पूर्ण हो?
आत्मघात से अधिक, भ्रूणवन्ध से भी भारी,
है कृतघ्नता पाप, सुने क्यों अत्याचारी?

(—रामचरित चिन्तामणि)

इसी कृतज्ञता के स्वभाव ने उन्हें हिन्दी-जगत् से लेकर राजनीति और समाज में जो लोकप्रियता प्रदान की, वह बिरलों को ही मिल पायी।

नामवर जी काशी हिन्दू विश्वविद्यालय में हिन्दी विभाग में प्रवक्ता नियुक्त हुए थे और उसी काल में चन्दौली से कम्युनिस्ट पार्टी के प्रत्याशी के रूप में चुनाव लड़ गये और हार भी गये। दलगत राजनीति से सम्बद्ध होने के आरोप पर उन्हें नौकरी से निकाल दिया गया। यह बड़ा ही बुरा दौर था, नामवर जी के जिन्दगी का। उस समय वे भदैनी के पास गली में स्थित लोलार्क कुण्ड के निकट के एक मकान में रहते थे। हमारे कॉलेज के प्राचार्य डॉ. शिवनारायण श्रीवास्तव ने मुझसे कहा कि नामवर सिंह को विश्वविद्यालय ने निकाल दिया है। इस घड़ी में उनसे मिलने के लिए चला जाय और उन्हें कॉलेज में व्याख्यान के लिए बुलाया जाय। मुझे भी अच्छा लगा। किसी सहधर्मी को मुसीबत के दिनों में सहारा देना और ऐसे प्रतिभाशाली व्यक्ति के साथ स्नेह-सहयोग ऐसे समय में बड़ा सम्बल होता है।

हम लोग वाराणसी गये और उनके मकान पर पहुँचे। संयोग से वह घर पर ही थे। उन्होंने बड़े स्नेह से हमारा स्वागत किया। डॉ. श्रीवास्तव ने उनसे मेरा परिचय भी कुछ बढ़ा-चढ़ाकर दिया। उन्होंने आदमी भेजकर मिठाई-समोसा और चाय मँगायी और बनारसी पान भी दो बीड़ा श्रीवास्तव जी के लिए मँगाया। श्रीवास्तव जी तम्बाकूरहित बनारसी पान

खाने के शौकीन थे। हमने उन्हें निमन्त्रित किया और उन्होंने उसे स्वीकार भी कर लिया। चलते-चलते उन्होंने कहा मेरे प्रकाशकों ने रॉयल्टी के बदले कुछ किताबें भेज दी हैं, क्या आप अपनी लाइब्रेरी में रख लेंगे? मैंने प्राचार्य जी के बोलने के पहले ही कह दिया कि आप पाँच हजार रुपये की पुस्तकें दे सकते हैं। उसके बाद हम लोग रवीन्द्रपुरी में डॉ. श्रीकृष्णलाल (रीडर का.हि.विश्वविद्यालय) के घर गये। घण्टे भर वहाँ रहे पर डॉ. लाल ने एक गिलास पानी को भी नहीं पूछा। इस पर श्रीवास्तव जी ने मुझसे कहा—देखा, कितना फ़र्क है। नामवर और लाल साहब में!

नामवर जी बनारस से बस द्वारा आये और उसी दिन कॉलेज में उनका एक घण्टे का व्याख्यान हुआ। उन्होंने निराला की 'वह तोड़ती पत्थर' और 'राम की शक्ति-पूजा' को व्याख्यायित करते हुए एक घण्टे का व्याख्यान दिया। कहने की आवश्यकता नहीं कि नामवर जी बड़े ही कुशल वक्ता और रचनाओं के अन्तरंग तक पहुँचकर उसके मर्म को उद्घाटित करनेवाले विद्वान् थे। महाविद्यालय के सभी प्रबुद्ध अध्यापकों ने उनके व्याख्यान की भूरि-भूरि प्रशंसा की। हम लोगों ने उन्हें एक हजार रुपये मानदेय तथा पाँच सौ रुपये मार्ग व्यय के साथ उनकी पुस्तकों के लिए पाँच हजार रुपये उन्हें नकद दिया। उस समय यह साढ़े छह हजार की राशि बहुत अधिक थी। मैंने अपनी पुस्तक 'पाठ-सम्पादन के सिद्धान्त' की एक प्रति उन्हें भेंट की।

रात्रि में भोजन तो प्राचार्य के घर हुआ, पर रुकने के लिए उन्होंने मेरे यहाँ तय किया। शाम को उन्होंने कहा कि मुझे कम्युनिस्ट पार्टी के कार्यालय जाना है। तुम तो जाओगे नहीं! मैंने कहा कि मैं चलूँगा, वहाँ कई मेरे व्यक्तिगत मित्र हैं। मैं उनके साथ वहाँ गया। लौटकर मैं संघ कार्यालय गया, नामवर जी भी साथ गये। प्रचारक संकठा प्रसाद सिंह ने चाय पिलाया और हम लोग प्राचार्य जी के यहाँ भोजन करके घर आ गये। मेरा घर क्या था, बस सिर ढँकने का शरणालय था। दो कमरे थे। एक में बड़े भइया और दूसरे में मैं रहता था। बीच में सीढ़ी के नीचे एक फ्लश लैट्रिन थी। नहाना हैण्डपाइप के नीचे बैठकर। मेरे कमरे में दो खाट लगी।

नामवर जी ने प्रेम से इसी फकीरी डेरे में रात बितायी। सुबह मैंने उन्हें बस पर बैठा दिया।

उस दिन-रात के साथ में मैंने नामवर सिंह में दो बातें देखीं। धोती-कुर्ता का साधारण परिधान, पैर में चप्पल। कभी-कभी देसी सुर्ती। बेतुकल्लुफी, मस्ती, बनावट जरा भी नहीं और अहंकार तो छूकर नहीं। मैंने आगे चलकर देखा कि मेरे प्रति उनका आजीवन स्नेह बना रहा।

इस बीच लम्बे अन्तराल तक, कुछ वर्षों तक दिल्ली से 'जनयुग' के सम्पादक के रूप में कार्य, फिर सागर विश्वविद्यालय में एक वर्ष और जोधपुर विश्वविद्यालय में कुछ वर्ष काम करने के बाद अन्ततः जब जवाहरलाल यूनिवर्सिटी में प्रोफेसर—अध्यक्ष तथा भारतीय भाषा विभाग के अधिष्ठाता बनकर आये, तो वहाँ आखिर तक जमे रहे। जे.एन.यू. से उन्हें प्रतिष्ठा मिली और उनसे जे.एन.यू. को। वहाँ से एक दिन अचानक उनका एक अन्तर्देशीय पत्र मिला जिसमें हाल-चाल पूछने के साथ उन्होंने लिखा था कि यहाँ एम.फिल. के पाठ्यक्रम में तीन में से एक प्रश्नपत्र 'पाठालोचन' का है। मुझे ही उसे पढ़ाना है। तुम्हारी पाठालोचनवाली पुस्तक तो मेरे लोलार्क कुण्डवाले मकान में है। वहाँ पुस्तकों के अम्बार में उसे निकालना कठिन होगा। तुम्हारे पास यदि उसकी प्रति हो तो मेरे पास एक प्रति भेज दो। इस समय नामवर वह नहीं थे जो मेरे कॉलेज में आये थे। आज वे आचार्य शुक्ल और डॉ. द्विवेदी के बाद के सभी आलोचकों से ऊपर एक प्रतिष्ठित आलोचक बन चुके थे। उनका पत्र मेरे लिये आह्लादकारी था और मैंने पुस्तक पंजीकृत पार्सल से भेजकर यह अनुभव किया कि नामवर जी मेरे लिये पहले जैसे ही हैं। बदले नहीं हैं। बड़ी कुर्सी पाकर लोग बदल जाते हैं, पर जो व्यक्ति स्वयं कुर्सी से बड़ा होता है, वह कभी नहीं बदलता।

अब मैं आश्वस्त था कि आवश्यकता पड़ने पर मैं नामवर जी को कुछ लिख सकता हूँ। एक काम आ ही गया। मेरे डी.ए.वी. कॉलेज आजमगढ़ की हिन्दी एम.ए. के एक प्रश्नपत्र की कापियाँ मूल्यांकन हेतु दिल्ली में डॉ. विश्वनाथ त्रिपाठी के पास गयी थीं। उनका पहले के मूल्यांकन का पारिश्रमिक गोरखपुर विश्वविद्यालय ने भुगतान नहीं किया

था, तो दबाव बनाने के लिए उन्होंने अंकपत्र रोक लिया था। इधर सारे परीक्षाफल निकल गये, केवल मेरे यहाँ का एम.ए. हिन्दी का रुका था। मुझे पूरा प्रकरण मालूम हुआ तो मैंने नामवर जी को पत्र लिखा कि त्रिपाठी से अंकपत्र भेजवा दें। उनका पारिश्रमिक विश्वविद्यालय ने न देकर गलती की है, तो हमारे छात्रों का उसमें क्या दोष है? उन्हें दण्ड क्यों मिले? नामवर जी ने तत्काल उत्तर दिया कि छात्रों का दोष नहीं है, पर परीक्षक के पास दबाव बनाने का और क्या तरीका हो सकता है! बहरहाल, मैंने विश्वनाथ त्रिपाठी से कह दिया है। वे अंकपत्र भेज देंगे। तुम विश्वविद्यालय से उनका भुगतान करा लेना। अंकपत्र आ गया और मैंने भुगतान भी करा दिया।

इसी बीच मैं आजमगढ़ नगर पालिका अध्यक्ष निर्विरोध चुन लिया गया। समाचार-पत्रों ने खूब समाचार छापा। नामवर जी को पता चला तो उन्होंने एक पोस्टकार्ड पर एक पंक्ति का पत्र-भेजा—'तुम्हारे बढ़ते हुए गौरव से छाती दूनी हो जाती है।' बहुत-से पत्र आये पर नामवर जी, लक्ष्मीनारायण मिश्र, बालकृष्ण राव का पत्र मेरे लिये अधिक प्रेरणादायी था। उसके बाद आपातकाल लगा और मैं उन्नीस महीने मीसा-डी.आई.आर. में निरुद्ध था। उस समय नैनी सेण्ट्रल जेल में मैनपुरी के सुमन्त कुमार हिन्दी से प्रथम वर्ष उत्तीर्ण भी निरुद्ध थे। वे द्वितीय वर्ष की तैयारी के लिए मुझसे रोज पढ़ते थे। उनका द्वितीय वर्ष का परीक्षाफल अच्छा आया। अब उन्होंने आगरा में शोध करने की इच्छा से मुझसे सम्पर्क किया। मैंने उन्हें विषय दिया 'जायसी के काव्य में लोकमानस की अभिव्यक्ति।' शोध समिति के विशेषज्ञ डॉ. नामवर सिंह थे। उन्होंने कहा कि इस पर काम हो चुका है और विषय को अस्वीकार कर दिया। मैंने उन्हें पत्र लिखा कि यह मेरा शिष्य है और लोकतत्त्व पर तो काम हुआ है, पर 'लोकमानस' उससे विस्तृत है। इसे स्वीकृत होना चाहिए। उन्होंने फिर तत्काल उत्तर दिया कि लोकतात्त्विक अध्ययन और लोकमानस की अभिव्यक्ति के अध्ययन में बहुत अन्तर नहीं है। तुम्हारे तर्क से मैं सहमत नहीं हूँ। फिर भी तुम उसे यही तर्क देकर संयोजक शोध समिति (हिन्दी) को एक प्रतिवेदन भिजवा दो। अगली बैठक में मैं उसे

स्वीकृत करा दूँगा। ऐसा ही हुआ, अब सुमन्त कुमार डॉ. सुमन्त कुमार गुप्त हो गये।

आपातकाल के बाद मैं गोरखपुर जिले के एक कॉलेज में प्राचार्य बन गया। वहाँ का एक परिवार मेरे बहुत निकट आ गया। उनके परिवार के सुरेश कुमार सिंह एम.ए. राजनीतिशास्त्र करके शोध करना चाहते थे। मुझसे वे चाहते थे कि विभागाध्यक्ष प्रो. रघुवीर सिंह से उनको कोई विषय स्वीकृत करा दें। मैंने 'आचार्य बिनोबा भावे के शैक्षिक और राजनीतिक विचार' का प्रस्ताव रखा। डॉ. रामकृष्ण मणि त्रिपाठी इस विषय से सहमत थे, पर प्रो. रघुवीर सिंह विनोबा से चिढ़े थे क्योंकि उन्होंने आपातकाल को अनुशासन पर्व कहा था। किसी प्रकार से सहमत हुए। शोधकार्य पूरा होकर मूल्यांकन हेतु पटना के प्रो. शर्मा और जामिया मिलिया के डॉ. आशाराम नियुक्त हुए। अनुकूल रिपोर्ट आ गयी थी। आशाराम को मौखिकी का प्रस्ताव गया। बहुत दिन तक उनका उत्तर नहीं आया। पहले वे इलाहाबाद में थे और मैं जानता था कि वे मार्क्सवादी हैं। मैंने डॉ. नामवर सिंह को लिखा कि डॉ. आशाराम जी से कह दें, वे स्वीकृति दे दें और आ जाये। यह मेरा पारिवारिक मामला है। उन्होंने उत्तर दिया कि तुम्हारा पत्र मिला। संयोग से एक कार्यक्रम में आशाराम से मेरी भेंट हो गयी। कह दिया है और वे चले जायेंगे। वे आये और सुरेश कुमार डॉ. सुरेश कुमार सिंह बन गये।

नामवर जी मेरे साहित्यिक कार्यों में भी रुचि रखते थे। एक बार इलाहाबाद संग्रहालय में एक संगोष्ठी में वे उद्घाटक के रूप में आये थे। मैं भी उसमें था। व्याख्यान के बाद वे उसी व्याख्यान-कक्ष में बैठे डॉ. रामस्वरूप चतुर्वेदी से बात कर रहे थे। मैं भी आ गया। मुझे देखते ही उन्होंने डॉ. चतुर्वेदी को इशारा करके दूसरी कुर्सी पर बैठाया और मुझे अपनी बगल में बैठाया। पूछा कि तुम भगवतीप्रसाद सिंह के साथ पद्मावत का सम्पादन कर रहे थे। वे तो चले गये। सम्पादन का क्या हुआ? मैंने कहा—काम तो पूरा हो गया था। केवल एक बार और उसका परीक्षण बाकी था, पर वे 'रामभक्ति कोश' 'कृष्णभक्ति कोश' के काम में लग गये। और यह काम आगे नहीं बढ़ा। पर मैंने सम्पादित पाठ की

एक प्रति अपने लिये भी बना ली है। उन्होंने सुझाव दिया, उसे तुम कर डालो! महत्त्वपूर्ण काम है। मैंने कहा कि यह पाठ और भाष्य छह-सात सौ पृष्ठों का होगा, कौन प्रकाशक उसे लेगा? उन्होंने कहा—तुम यह काम कर डालो। उसकी चिन्ता मत करो, वह हो जायेगा। मैंने यह काम पूरा कर लिया। विश्वविद्यालय प्रकाशन के पुरुषोत्तम मोदी से चर्चा की तो वे इसके प्रकाशन के लिए तैयार हो गये। मैंने पूरा करके उन्हें भेज दिया। कुछ समय बाद मोदी जी चल बसे। मैंने सोचा अब काम नहीं होगा। पर मृत्यु से पूर्व उन्होंने कुछ पुस्तकों को छापने का निर्णय कर दिया था, जिसमें पहला नाम 'पदुमावति' का था। पुस्तक अच्छे ढंग से छपकर प्रकाशित हो गयी। यह नामवर सिंह की प्रेरणा का ही फल था जो यह काम हो सका, नहीं तो मैं तो उसे छोड़ ही चुका था।

मेरी उनकी आखिरी भेंट और वार्त्ता उनके 32, शिवालिक अपार्टमेण्ट, कालकाजी, दिल्ली में आज से 3-4 वर्ष पहले हुई थी। मेरे साथ मेरे पौत्र विनम्र सेन भी थे। उन्होंने नामवर जी से मिलने की इच्छा व्यक्त की। मैंने कहा कि चलो, पन्द्रह मिनट के लिए चलते हैं। उनका निवास ऊपर की पहली मंजिल पर था। हमने पहुँचकर दरवाजा खटखटाया। वे स्वयं आये और कुण्डी खोलकर हमें भीतर ले गये। एक सोफे पर मैं उनके साथ बगल में, दूसरे पर विनम्र। हाल-चाल के बाद उन्होंने कहा—देखो सामने सेल्फ पर कुछ पुस्तकें हैं और वह (इशारा करके) 'पदुमावति' है। तुमने उसमें इतना काम कर दिया है कि अब कुछ शेष नहीं रहा। मैंने हाथ जोड़कर कृतज्ञता जाहिर की। विनम्र ने अपनी कविता-संग्रह की पुस्तक भेंट की तो उन्होंने कहा—मैं दूरदर्शन पर इसकी समीक्षा कर दूँगा। एक घण्टे तक बात करते रहे। मुझे बड़ा कष्ट हुआ कि हिन्दी का महान् आलोचक आज अकेला है। किसी को एक गिलास पानी भी नहीं पूछ सकता। मुफलिसी में जिसने बनारस में हमारा भव्य जलपान से स्वागत किया था, आज वह लाचार है। हिन्दी के दिग्गजों की यह पीड़ा आज के आधुनिक परिवार-व्यवस्था की देन है।

कई बार नामवर जी ने पाठ्यक्रम पुनश्चर्याओं में किसी अध्यापक के मध्यकालीन काव्य-सम्बन्धी प्रश्न पर मुझसे पूछने का आग्रह किया और कहा था, कि मध्यकाल पर उनका अच्छा अध्ययन है। काशी विद्यापीठ और रामानन्द सरस्वती पुस्तकालय आजमगढ़ की संगोष्ठियों में ऐसा किया था। यह उनके स्नेह का ही द्योतक है। विचारों में एकदम विरोधी के साथ भी आत्मीय सम्बन्ध रखना बहुत बड़ी बात है। हिन्दी आलोचना का बीसवीं-इक्कीसवीं सदी का महानायक आज हमारे बीच नहीं है। एक अभाव हो गया है। अभाव की पूर्ति तो होती रहती है। पर अभी तो अभाव-ही-अभाव है। प्रभाकर श्रोत्रिय, डॉ. कृष्णदत्त पालीवाल जैसे मूर्द्धन्य समीक्षक पहले ही जा चुके थे।

राजनेता और समाजसेवी

- आचार्य कृपलानी और जयप्रकाश नारायण
- पं. जवाहरलाल नेहरू
- युग-पुरुष महन्त दिग्विजयनाथ
- चौधरी चरणसिंह
- लोकबन्धु राजनारायण
- माधव राव गोलवलकर 'श्री गुरूजी'
- पं. दीनदयाल उपाध्याय
- प्रो. राजेन्द्र सिंह 'रज्जू भैया'
- स्वतन्त्रता-संग्राम और पद्मनाथ सिंह

आचार्य कृपलानी और जयप्रकाश नारायण

आचार्य कृपलानी और जयप्रकाश जी दोनों ही गाँधीजी के परम भक्त थे। दोनों का गाँधीवाद में विश्वास था और दोनों ही स्वदेशी, ग्रामोत्थान और सर्वोदय मानते थे। कृपलानी जी ने 'गाँधी आश्रम' नाम की संस्था की स्थापना की जो खादी के उत्पादन, प्रोत्साहन और प्रयोग को क्रियान्वित करती रही है। 'खादी वस्तु नहीं विचार है' इस सिद्धान्त को इन आश्रमों द्वारा उन्होंने मूर्त रूप दिया। गाँधी के जीवन और उनके दर्शन पर उन्होंने पुस्तकें भी लिखीं। जयप्रकाश जी गाँधी के ऐसे अनुयायी थे कि स्वतन्त्रता आन्दोलन के बहुत बड़े हीरो होते हुए भी उन्होंने स्वतन्त्रता के पश्चात् कांग्रेस छोड़ डॉ. राम मनोहर लोहिया, आचार्य नरेन्द्र देव, अच्युत पाटवर्धन, अशोक मेहता आदि के साथ समाजवादी पार्टी बनायी क्योंकि इन लोगों का मत था कि कांग्रेस स्वतन्त्रता-प्राप्ति का ऐसा कोरम था जिसमें कई विचारधारा के लोग थे। अत: कांग्रेस को भंग करके नीति और सिद्धान्तों के आधार पर पार्टियाँ बनें। गाँधीजी भी इसी पक्ष के थे। पर कांग्रेस स्वतन्त्रता-आन्दोलन की पूँजी पर लम्बे समय तक शासन करती रही। कांग्रेस से अलग समाजवादी बनने के बाद भी जयप्रकाश का यह निर्णय था कि सत्ता का कोई भी पद उन्हें स्वीकार नहीं होगा और इस व्रत का उन्होंने आजीवन पालन किया। कहा जाता है कि किन्हीं कारणों से कांग्रेस नेतृत्व उन्हें राष्ट्रपति पद के लिए पेशकश करता था, पर वे कभी सहमत नहीं हुए। गाँधी के कहने पर उन्होंने और उनकी सहधर्मिणी प्रभावतीजी ने लोकसेवा का व्रत लिया और साथ रहते हुए ब्रह्मचर्य व्रत का पालन करने की प्रतिज्ञा की। अन्त में उन्होंने राजनीति से पूर्ण संन्यास लेकर आचार्य विनोबा भावे

के भूदानयज्ञ और सर्वोदय में सक्रिय भागीदारी की थी। उधर कृपलानी जी ने कांग्रेस से अलग होकर किसान-मजदूर प्रजा पार्टी बनायी। बाद में इसका समाजवादी पार्टी में विलय हुआ और प्रजा समाजवादी पार्टी बनी। कांग्रेस की राजनीति के वे बड़े आलोचक थे।

कृपलानी जी को मैंने सर्वप्रथम इलाहाबाद के राजर्षि टण्डन पार्क में सुना था। छोटे-से पार्क के तीनों ओर की सड़कें भी पार्क के साथ खचाखच भरी थीं। उन्होंने हिन्दी में भाषण किया पर बीच-बीच में अंग्रेज़ी में लगातार बोलते जाते। इस क्रम में उन्होंने कहा था कि भाई मैं पुराना हिन्दुस्तानी हूँ। पुराना हिन्दुस्तानी जब जोश में आता है, तो अंग्रेज़ी में बोलने लगता है। साथ ही एक कारण यह भी है यहाँ के पत्रकार, लोगों के भाषण को उलट-पुलटकर छाप देते हैं। इसीलिए मैं हिन्दी-अंग्रेज़ी दोनों में बोलता हूँ कि वे मेरी बात को ठीक-ठीक समझ लें। यह इन्दिरा गाँधी पर एक व्यंग्य था। उसी के पहले वे इलाहाबाद की सभा में विवादास्पद बात बोल गयी थीं। बाद में मीडिया ने उन्हें घेरा तो उन्होंने कहा था-'मैंने ऐसा नहीं कहा था, प्रेसवालों ने उसे तोड़-मरोड़कर छाप दिया था।' साथ ही कृपलानीजी ने यह भी कहा कि मैं हिन्दी का समर्थक हूँ। भारत में अंग्रेज़ी नहीं चलेगी। आजकल संसद् में लोग अंग्रेज़ी बोलते हैं। इनकी अंग्रेज़ी कोई अंग्रेज़ सुने तो वह ऐसी अशुद्ध अंग्रेज़ी पर आत्महत्या कर लेगा। आचार्य जी अंग्रेज़ी के ऐसे कुशल वक्ता होते हुए भी ये विचार उनके थे। उस पीढ़ी की सोच ही ऐसी थी।

लम्बे अन्तराल के बाद आपातकाल के बाद जनता पार्टी मन्त्रिमण्डल जब राजघाट पर गाँधी की समाधि पर शपथ लेने गया था। उस सभा में जे.पी. के अतिरिक्त केवल आचार्य जी का भाषण हुआ। जे.पी. का भाषण आदर्शवादी था। आचार्य जी ने कहा कि आप लोगों ने राजनीतिक द्रल बनाया है। यह राजनीति की नीति-नीति पर चलेगा। यह खोखले आदर्शवाद पर नहीं चल सकता। ध्यान रखिये कि जनता पार्टी एक राजनीतिक दल है—साधू समाज नहीं है। आचार्य की यह बात कितनी सही साबित हुई, जब सत्ता की रस्साकशी जनता पार्टी के नेताओं में

प्रारम्भ हुई। जनता पार्टी टूटी, बिखरी और जिस इन्दिरा जी के विरुद्ध एकबद्ध होकर लड़ाई हुई थी, उन्हीं के जाल में फँसकर चरणसिंह और चन्द्रशेखर ने उनके समर्थन से चन्द दिनों की प्रधानमन्त्रीगिरी की। अपने छात्र-जीवन में दो बार जयप्रकाशजी को सुनने का अवसर मिला था। एक बार कदाचित् 1951 में श्रीकृष्ण पाठशाला कॉलेज के मैदान में, जब समाजवादी पार्टी का प्रान्तीय अधिवेशन आजमगढ़ में आयोजित था। उसमें उनके साथ ही डॉ. राममनोहर लोहिया और आचार्य नरेन्द्रदेव जैसे दिग्गज नेता भी उपस्थित थे। पर सबसे अधिक आकर्षण जयप्रकाश का था, विशेषत: युवा पीढ़ी का। कारण था कि 1942 की स्वातन्त्र्य क्रान्ति में बिहार के हजारीबाग जेल में निरुद्ध वे, एक दिन जेल की ऊँची दीवारों को फाँदकर बाहर आ गये थे और गुप्तरीति से आन्दोलन का सूत्रधार बने थे। इस घटना से उनके प्रति लोगों का आकर्षण अधिक था। मैं हाईस्कूल का विद्यार्थी था। उस समय उनके भाषण सुनने से अधिक उनको देखने का ही शौक था। दुबारा उनका आजमगढ़ का दौरा आजमगढ़ में हुआ और सभा कर्बला के मैदान में आयोजित हुई। खचाखच भरे मैदान में कुछ स्थानीय नेताओं के बोलने के बाद जयप्रकाश जी खड़े हुए। बहुत ही संयत और सीधी-सादी शैली में उन्होंने भाषण दिया। एक अध्यापक जैसे अपने छात्रों के विषय को सरल ढंग से समझता है, वैसे उन्होंने समाजवाद के मुख्य उद्देश्य को समझाया था। मुझे स्मरण है कि उन्होंने बताया था कि समाजवाद के मुख्य उद्देश्य हैं—असमानता या गैर बराबरी को समाज से समाप्त करना। समान अवसर देने से ही यह काम नहीं हो सकता। पूँजी के समान वितरण से ही यह गैर बराबरी समाप्त हो सकती है। 'न ही किसी के पास बहुत अधिक हो, न ही किसी को कम हो' इसके लिए उन्होंने उदाहरण दिया कि पानी बराबर एक साथ बरसता है पर पहाड़ पर एक बूँद नहीं ठहरता और समुद्र के पेट में समा जाता है। इसी प्रकार पूँजीपति के पास पूँजी सिमट जाती है और निर्धन निर्धन ही रह जाता है। मैं उनकी इस शैली से बहुत प्रभावित हुआ और असमानता का कोढ़ मुझे भी तात्त्विक रूप से खलने लगा।

तीसरी बार जब मुझे उनका दर्शन करने का सौभाग्य प्राप्त हुआ तो मैं अध्यापक था और जे.पी. राजनीति छोड़कर सर्वोदय के कार्यकर्त्ता बन गये। डी.ए.वी. इण्टर कॉलेज में उनकी सभा आयोजित थीं पर सभा क्या हुई एक गोष्ठी जैसी हुई। एक चौकी पर जे.पी. और प्रभावतीजी बैठी थीं और सामने दरी पर पचीस लोग श्रोता थे। उनमें बीस के करीब गाँधी आश्रम के कार्यकर्त्ता थे। चार-पाँच व्यक्ति मेरे जैसे भी थे। 1942 की महाक्रान्ति के हीरो और अपने नि:स्वार्थ समाज सेवा, ब्रह्मचर्य व्रत आदि के कारण जो व्यक्ति गाँधीजी की तरह एक मिथक बन गया था उसे सुनने केवल पचीस आदमी आये, यह बात मुझे भी खल रही थी और जयप्रकाश जी ने भी बड़े दु:ख के साथ यह वाक्य कहा था: 'अब लोग मुझे सुनने भी नहीं आते।' यह इस बात का द्योतक था कि धीरे-धीरे आजादी के बाद मूल्यों की ऐसी गिरावट होने लगी थी कि गाँधी-विनोबा-जयप्रकाश जैसे लोग अप्रासंगिक-से हो गये।

पर एक दौर ऐसा भी आया 1973 ई. में; जब देश भर में मूल्यों की इस गिरावट के कारण भ्रष्टाचार चरम पर जाने लगा तो देश भर में इसके विरुद्ध एक सुगबुगाहट शुरू हो गयी। विशेष रूप से बिहार और गुजरात में युवकों में क्रान्ति के स्फुल्लिंग सुलगने लगे। गुजरात के छात्रों ने कुछ तात्कालिक कारणों से एक नव-निर्माण समिति का गठन किया। प्रदेश भर में छात्रों में जागरूकता आयी। फिर गुजरात विश्वविद्यालय अहमदाबाद के छात्रों ने देशव्यापी भ्रष्टाचार के विरुद्ध एक सभा बुलायी और जे.पी. को उसे सम्बोधित करने को बुलाया। 14 फरवरी, 1974 को उस लाखों की विशाल सभा में युवा-शक्ति के तेवर को देखकर जे.पी. के बूढ़े शरीर में जोश आया। और उन्होंने कहा था :

'आज लहरों में निमन्त्रण, तीर पर कैसे रुकूँ मैं?'

और वे आन्दोलन के समर्थन में कूद पड़े। लेकिन वे संयत और तर्कपूर्ण थे। उन्होंने वहाँ कहा था : "डिजएल्यूशन, डिजएल्यूशन की रट लगाते हो तो ह्वाट ऑफर डिजएल्यूशन—फिर वही चुनाव, फिर वही लोग कैण्डीडेट्स खड़े करेंगे। फिर यही चीज रिपीट होगी न? तो फायदा

क्या होगा?'' इसके बाद कानपुर की सभा में उन्होंने कहा था कि 'आज मैं 1942 की स्थिति देख रहा हूँ।' 5 जून, 1974 में गाँधी मैदान में लाखों की भीड़ में उन्होंने कहा : 'यह क्रान्ति है, सम्पूर्ण क्रान्ति। यह कोई विधान-सभा विघटन का आन्दोलन नहीं। यह तो मंजिल है जो रास्ते में है।'

इसी क्रम में आजमगढ़ में जजी के मैदान में उनकी सभा हुई। दो लाख लोग, पैदल चलकर गाँव-गाँव से आये। डी.ए.वी. में पचीस लोग ही जिसे सुनने आये थे, आज दो लाख। पूरा मैदान सारी सड़के जन सैलाब। वयोवृद्ध कांग्रेसी (संग.) बा. शिवराम के सभापतीत्व में हुई सभा में दो युवकों ने गीत-गाया—'जयप्रकाश का बिगुल बना तो जाग उठी तरुणाई है।' गीत पर स्वयं जे.पी. झूम रहे थे फिर एक घण्टे का भाषण। वह समग्रक्रान्ति यानी शिक्षा, शासन, पुलिस, व्यवस्था, न्याय क्षेत्र सबके सुधार का आह्वान। भाषण के पूर्व मैं नगरपालिका अध्यक्ष के नाते उनसे निरीक्षण भवन में मिला। राजनारायण भी वहाँ थे। जे.पी. ने पूछा आप किस दल के हैं?' मैंने कहा कि मैं किसी राजनीतिक दल में नहीं हूँ। उन्होंने भाँप लिया कि मैं कहाँ हूँ पर पूछा : किसी सामाजिक-सांस्कृतिक संगठन में है? मैंने कहा हाँ हाँ मैं संघ का स्वयंसेवक हूँ। इस पर उन्होंने कहा संघ तो कई संगठनों की जननी है। संघ की सब बात मुझे पसन्द है; केवल एक बात चाहता हूँ कि संघ मुसलमानों के लिए भी अपना दरवाजा खोल दे। मैंने उत्तर में कहा कि आपके सर्वोदय में तो उनके लिए दरवाजा खुला है न? उन्होंने कहा : 'हाँ'। मैंने पूछा कितने मुसलमान आपके सर्वोदय में जुड़े हैं? उन्होंने कहा कि यही सही है कि वे सर्वोदय में नहीं के बराबर हैं, और संघ में शायद ही कुछ आवें पर संघ को कोई आरोपित नहीं कर सकेगा कि यहाँ मुसलमानों के लिए दरवाजा बन्द है। मैंने कहा कि यह ऊपर के लोगों को सोचना है, मेरा विषय नहीं है। फिर मैं प्रणाम करके चला आया।

जे.पी. जी तो चाहते थे इन्दिरा जी बात करें और उमड़ती हुई भ्रष्टाचार की प्रवृत्तियों पर रोक लगे, पर सरकार के अड़ियल रुख ने उनकी बातों को नजरअन्दाज किया। इसी बीच उपचुनाव में कांग्रेस की

घोर पराजय हुई और इसी दिन हाईकोर्ट इलाहाबाद का ऐतिहासिक फैसला आया जिसमें इन्दिरा गाँधी चुनाव में भ्रष्टता के अपनाने पर उस चुनाव को अवैध घोषित कर दिया। इन्दिरा जी ने आपातकाल लगाया और जे.पी. सहित सभी विरोधी नेताओं को रात में जेल में बन्द कर दिया। मैं उस दास्तान में नहीं जाता जो आपातकाल में हुए पर जे.पी. की भावना के सम्बन्ध में उन्हीं का जनवरी, 1976 में लिखा इन्दिरा गाँधी के नाम एक पत्र की कुछ पंक्तियाँ पेश करना चाहता हूँ :

"आप जानती हैं मैं वृद्ध हूँ। मेरे जीवन का काम पूरा हो चुका है। प्रभा के निधन के बाद मेरे पास कुछ नहीं रहा और मैं किसके लिए रहूँ। इसलिए आपके शासन में बन्दी बनकर मरने में भी सन्तोष है। अन्तिम रूप से सलाह देना चाहता हूँ। क्या ऐसे व्यक्ति की सलाह मानियेगा? कृपा करके उस बुनियाद को नष्ट मत कीजिये जिसको राष्ट्रपिता ने तथा अन्य नेताओं ने, जिनमें आपके पूज्य पिता भी हैं, रखा था। आपने जो रास्ता अख्तियार किया है, वह संघर्ष और उत्पीड़न के सिवा कुछ भी नहीं है। जिस व्यक्ति ने ब्रिटिश साम्राज्यवाद से लोहा लिया (स्वयं के लिए) और उसको झुकाया, वह अधिनायकवाद के अभिप्रायस्वरूप अपमान और लज्जा अनिश्चित काल के लिए मंजूर नहीं कर सकता।" यह उनके व्यक्तित्व की महानता का द्योतक है, जो अवैर, अक्रोध और अटल है।

जेल में क्या कुछ हुआ कि उनकी दोनों किडनी खराब हो गयी। उन्हें मरा हुआ समझकर जेल से छोड़ दिया गया पर वे अपना काम पूरा करने के पश्चात् मरे, आपातकाल का अन्त, कांग्रेस (इन्दिरा) का सत्तापलट, सभी दलों का जनता पार्टी में विलय और उसका शासन। अब जे.पी. के जर्जर शरीर में ताकत नहीं रही कि सत्ता का मार्ग-दर्शन भी कर सकें। निश्चित ही जनता पार्टी की खींच-तान से वे दुःखी थे। 8 अक्टूबर, 1979 में पटना में उनका शरीर छूट गया। जिसका मरना प्रतीक्षित था, उसकी मृत्यु पर चारों ओर स्तब्धता, जड़ता, अवसाद और पलकों में निर्झर। मैं उस समय गोरखपुर के एक कॉलेज में प्रिन्सिपल था। मैं अपने को रोक न पाया और साथी कृष्ण प्रताप सिंह को साथ लेकर

चल पड़ा पटना के लिए। गोरखपुर से सोनभद्र फिर स्टीमर से महेन्द्र घाट और गाँधी मैदान के श्रीकृष्ण स्मारक भवन में देश के दूसरे गाँधी के शव पर पुष्प चढ़ाया। चन्द्रशेखर, नानाजी देशमुख आदि ने अर्थी को कन्धे पर लिया और उसे एक ट्रक पर रखा गया, फिर सेना द्वारा सम्मान। पहले नागरिक सम्मान, फिर सैन्य सम्मान। वहाँ से हम लोग बाँस घाट को चले। सारे रास्ते बन्द थे। लाखों की भीड़ थी। हम लोग एक नाव पर बैठे। इतने यात्री कि नाव में पानी भर आया-पानी उलीचते, हम बाँस घाट के सामने पहुँचे। और नावें, स्टीमर आदि पूरे लदे, घाटों पर भी अपार भीड़। शव-स्थल के सामने कुर्सियों पर नीलम संजीव रेड्डी, मोरार जी देसाई, इन्दिरा गाँधी, जगजीवनराम, अटलबिहारी वाजपेयी जी, नानाजी देशमुख और चन्द्रशेखर आदि को देखकर 1974 से 1979 तक के इस अर्द्धदशक की याद आयी कि आज वे भी यहाँ हैं जो उस व्यवस्था के विरुद्ध थे जो लोकतन्त्र का उपहास कर रही थी और उस आपातकाल के जो दोषी थे। उस समय आपातकाल की ज्यादतियों के साथ जनता पार्टी भी प्रबल लोलुपता का स्वरूप देख करके मुझे चन्द्रदेव सिंह की एक कविता याद आयी—

तुमने बड़े गलत वक्त पर आवाज लगाई है,
जब कि हर क्रान्ति और क्रान्तिकारी बिकाऊ है
किसी का मूल्य रुपया है, किसी का मूल्य पाई है।

पं. जवाहरलाल नेहरू

भारतीय स्वतन्त्रता संग्राम के प्रमुख सेनानी जवाहरलाल जी पं. मोतीलाल नेहरू के एकलौते पुत्र थे जिनका जन्म वैभवशाली एवं सुख-सुविधा से परिपूर्ण परिवार में हुआ। ऐसा व्यक्ति सुमन शय्या छोड़कर कण्टक पथ का राही बना और महात्मा गाँधी का अत्यन्त प्रिय एवं विश्वासपात्र अनुगामी बना। जेल की हवा भी बार-बार खानी पड़ी पर वहाँ भी वह स्वाभिमान से रहा। जब मैं आपातकाल में नैनी केन्द्रीय कारागार इलाहाबाद में बन्द था, तो वहाँ के अधिकारियों ने एक छोटा भवन दिखाया जिसमें जवाहरलाल का आवास था। जेल में कॉफी नहीं मिलती है, पर नेहरू ने जिद्द ठान ली कि पीयेंगे तो कॉफी ही पियेंगें चाय नहीं। अन्त में जेल के नियमों को शिथिल करके उनके लिए कॉफी की व्यवस्था की गयी थी।

मैंने 1946 ई. में सर्वप्रथम उनका दर्शन किया था। आजमगढ़ के नार्मल स्कूल के मैदान में (जहाँ आज स्टेडियम है) उनका सार्वजनिक भाषण था। वह मैदान भी बड़ा था और सड़क के दक्षिण (आज जहाँ कॉलोनी है) एक सिंह का विशाल बाग था। वहीं मैदान में बल्लियों से घेर-घेरकर ब्लाक बनाये गये थे। कार्यक्रम दो बजे दिन में था। मैं तब कक्षा छह का विद्यार्थी था। चाचा सुखदेव सिंह के साथ गाँव के सात-आठ लोगों के साथ गाँव से पैदल छह कोस (दस किलोमीटर) चलकर हम लोग समय से सभा-स्थल पर पहुँच गये। मंच पर गीत होते रहे पर लाखों आँखें जवाहर के आगमन की प्रतीक्षा करती रहीं। बीच-बीच में महात्मा गाँधी की जय, जवाहरलाल की जय के नारे लगते रहे।

दो बजे से इन्तजार के बाद रात के आठ बजे पण्डितजी का आगमन हुआ। कुछ भीड़ आगे बढ़ गयी। उन्हें देखने की, उन्हें छूने की जैसे होड़ लगी थी। पण्डितजी को गुस्सा भी जल्द आ जाता था। वे भीड़वालों को हाथ मार-मारकर अपने-अपने ब्लाक में भगा रहे थे। किसी तरह कोलाहल शान्त हुआ। अलगूराज शास्त्री आदि की संक्षिप्त प्रस्तावना के बाद उनका भाषण एक घण्टे चला और रात्रि के दस बजे हम लोग वहाँ से मुक्त हुए और पैदल पाण्डेय बाजार के एस.के.पी. कॉलेज के छात्रावास (जल-कल के ठीक सामने) 11 बजे रात में पहुँचे।

15 अगस्त, 1947 को भारत की आजादी के बाद वे भारत के प्रधानमन्त्री बने और उम्र में उनसे बड़े लौह पुरुष सरदार वल्लभभाई पटेल उपप्रधानमन्त्री बने। राष्ट्ररत्न डॉ. राजेन्द्र प्रसाद प्रथम राष्ट्रपति बने, तो देश में विभाजन की त्रासदी को भूलकर खुशियों का वातावरण छा गया। देश लालायित था अपने प्रथम प्रधानमन्त्री के दर्शन के लिए। गाँधी सर्वपूज्य थे, पटेल की दृढ़ता और गाँधी भक्ति सर्वोपरि थी पर सबसे लोकप्रिय नेता जवाहर थे। 'नाम भी जवाहर काम भी जवाहर-सा, छैल-छबीला मोतीलाल का अकेला' था। युवकों का हृदय सम्राट्, वरिष्ठजनों का प्राणप्रिय, आम नागरिकों की आशा की किरण जवाहरलाल थे। आजादी मिलने के बाद राज-काज की स्थिरता, सीमाओं पर शरणार्थी संकट से जूझकर कुछ समय मिला तो वे भारत के दौरे पर निकले। उस समय हमारे जिले में उनका कार्यक्रम मऊनाथभंजन नगर में रेलवे के मैदान में था और बलिया की सभा के बाद वे मऊ आ रहे थे। मैं फिर अपने साथियों के साथ रेल से मऊ महुँचा। स्टेशन पर अपार भीड़ थी, जब बलियावाली गाड़ी आयी तो जितने यात्री डिब्बों में थे, उतने ही उसके छत पर थे। गाड़ी स्टेशन पर पहुँची कि नेहरू जी कूदकर इंजन के ऊपर खड़े होकर सबका अभिवादन करके आगे सभा-स्थल पर पहुँचे। यह दोपहर का समय था। मंच ऊँचा था पर ऊपर से खुला था। आसमान में तेज धूप थी। श्री अलगूराय ने नेहरू जी के पीछे खड़े हो छाता तान लिया ताकि उनके सिर पर धूप न लगे। पर पण्डितजी ने जोर से डपट दिया, कि यह क्या कर रहे हो। सारी जनता धूप में खड़ी है और मैं छाता

लगाकर बोलूँ। उस समय मैं केवल उनके दर्शन को लालायित था। आजमगढ़ की सभा में और मऊ में उन्होंने क्या कहा, याद नहीं है आज 85 वर्ष की उम्र में सोचता हूँ कि वह जादुई व्यक्ति कितना लोकप्रिय था, कितना भारत की आँखों का तारा था और विश्व का एक करिश्माई नेता और शान्तिदूत।

1955 ई. में मैं इलाहाबाद यूनिवर्सिटी में पढ़ने गया तो नगर-दर्शन के क्रम में मैं सर्वप्रथम 'आनन्द भवन' देखने गया। 'आनन्द भवन' अपनी वास्तुकला और परिसर के सौन्दर्य में अपने ढंग का निराला भवन है। साथ ही उसके साथ भारत की आज़ादी का एक लम्बा इतिहास भी जुड़ा है। अत: उसके देखने के साथ पं. मोतीलाल, पं. जवाहरलाल और इन्दिरा गाँधी के सत्याग्रह तथा जेल-यात्रा के साथ त्याग-तपस्या की कहानियाँ भी जुड़ी हैं। उसके पीछे के एक अच्छे और विस्तृत परिसरयुक्त भवन को उन्होंने अ.भा. कांग्रेस के कार्यालय के लिए दे दिया था जिसे। 'स्वराज्य भवन' नाम दे दिया गया था। यह सब कुछ नयनाभिराम ही नहीं रोमांचक भी था। जब मैं इलाहाबाद म्यूजियम देखने गया तो वहाँ रखी जवाहरलाल जी की पुस्तक 'Discovery of India' थी। उनके हाथ की लिखी मूलप्रति को भी देखा जिसके अक्षर साफ-सुथरे और मोती के दाने की तरह सुन्दर थे। मैंने उनकी पुस्तकें 'भारत की खोज' (डिस्क्वरी का हिन्दी पाठ) और 'पिता के पत्र पुत्री के नाम' (इन्दिरा प्रियदर्शिनी को लिखे गये उनके पत्र) पढ़ चुका था। मुझे लगा कि जवाहरलाल यदि राजनीति में न आते तो बड़े भारी इतिहास लेखक और दार्शनिक होते।

इलाहाबाद में प्रतिवर्ष उनका सार्वजनिक कार्यक्रम होता था। वे शेरवानी कोट, चूड़ीदार पजामा, गाँधी टोपी में रहते और कोट में एक ताजा गुलाब, प्राय: अधखिला, सुशोभित होता। किसी ने एक बार उनसे पूछा था कि पण्डितजी आपको गुलाब बहुत प्रिय है तो उन्होंने कहा कि हाँ गुलाब मुझे प्रिय है और सदैव वह मेरे सीने पर सुभोभित रहकर मुझे प्रेरणा देता है कि तुम्हें गुलाब की तरह भारत को सुन्दर और साथ ही सुगन्धित बनाना है। उनका भाषण तो लम्बा होता था और हिन्दुस्तानी जबान में बड़े विस्तार से आधुनिक यूरोप की फ्रान्सीसी राज्य क्रान्ति और

यूरोप की औद्योगिक क्रान्ति का विवरण देकर समृद्ध और सम्पन्न भारत बनाने की अपनी कल्पना को प्रस्तुत करते थे। उस समय के नेता इसी प्रकार सकारात्मक भाषण देते थे। हाँ, यह अवश्य है कि वे अन्धविश्वास और पुरातनपन्थियों की आलोचना अवश्य करते थे। उनके भाषण तो प्रतिवर्ष एक ही रंग-ढंग के होते थे। शुरू करते थे—'यूरोप में इण्डस्ट्रियल रिबोल्यूशन आया और रफ्ता-रफ्ता तरक्की हुई...' और भारत के कल-कारखानों तक आते जिसे वे नये भारत के मन्दिर कहते थे। उनके भाषण में तो युवा पीढ़ी को बहुत आकर्षण नहीं था पर उनके मोहक व्यक्तित्व से सभी सम्मोहित थे। अतः प्रतिवर्ष के.पी. कॉलेज के विशाल मैदान में ठेलमठेल मजमा एकत्र होता जिसमें युवकों की संख्या सर्वाधिक होती।

पण्डितजी फूलपुर संसदीय क्षेत्र से चुनाव लड़ते थे। शहर का भी बड़ा हिस्सा उसी में था। प्रायः वे सामान्य निर्वाचन में देशभर का दौरा करते और अपने क्षेत्र कभी-कभार नगर में एक सभा सम्बोधित करते-कभी वह भी नहीं। पर 1957 के चुनाव में झूँसी के प्रसिद्ध सन्त प्रभुदत्त ब्रह्मचारी उनके विरुद्ध चुनाव मैदान में आ गये। सन्त का राजनीति से मतलब नहीं था। 'हिन्दू कोड बिल' तत्कालीन सरकार संसद में लाना चाहती थी। उसी एक बिन्दु पर ब्रह्मचारी जी मैदान में थे। हवा ऐसी बनी कि ब्रह्मचारी जी नेहरू जी की लड़ाई काँटे की हो गयी। नेहरू जी को अपने क्षेत्र में भी सभा करनी पड़ी। कश्मीर आदि की हजारों युवतियाँ प्रचार में आयीं, व्यक्ति-व्यक्ति से सम्पर्क किया। इस चुनाव में पण्डितजी ने बड़ा ही मार्मिक भाषण दिया, वक्तव्य दिया—'मैं ब्रह्मचारी जी का आदर करता हूँ। उन्हें श्रद्धा की दृष्टि से देखता हूँ पर राजनीति उनका क्षेत्र नहीं है। धर्म-क्षेत्र में वे कार्य करें। उनके व्यक्तित्व में कोई कमी नहीं है। वे महान् सन्त हैं।' उधर ब्रह्मचारी जी बोलते थे कि 'हिन्दू कोड़ बिल' को कांग्रेस अस्वीकार कर दे तो मैं बीच चुनाव में मैदान से हट जाऊँगा। ऐसी सज्जनतापूर्ण लोकतान्त्रिक भाषा में वह चुनाव लड़ा गया। साधनों, सहायकों, अपनी लोकप्रियता के कारण लाख से ऊपर मत नेहरू को मिला, पर ब्रह्मचारी जी को पचास हजार के ऊपर-नीचे मिले।

'कोड बिल' नहीं पेश हुआ, पर टुकड़े-टुकड़े में 'हिन्दू मैरेज एक्ट', 'हिन्दू सक्सेसन एक्ट' पास हुए। 'कामन सिविल कोड' नहीं बना जो डॉ. राममनोहर लोहिया चाहते थे और वही ब्रह्मचारी जी भी।

1957-58 के सत्र में विश्वविद्यालय के छात्रसंघ ने जवाहरलाल जी को छात्रों के बीच सम्बोधन के लिए आमन्त्रित किया। उन्होंने स्वीकृति दे दी। सीनेट हॉल में आयोजन था। जब वे बोलने के लिए खड़े हुए बहुत-से छात्रों ने कहा 'अंग्रेज़ी में बोलिये' और कुछ ने आवाज लगायी 'हिन्दी में बोलिये'। पण्डितजी ने पूछा : कितने लोग हिन्दी में चाहते हैं तो बहुत सारे हाथ ऊपर उठे। फिर पूछा : कितने अंग्रेज़ी में चाहते हैं तो फिर बड़ी संख्या में हाथ उठे। बड़े नाटकीय ढंग से उन्होंने कहा : 'अच्छा भाई, मैं आधा हिन्दी में बोलूँगा और आधा अंग्रेज़ी में।' भाषण शुरू हुआ हिन्दी में, आधे घण्टे हिन्दी-हिन्दुस्तानी में बोलने के बाद स्वतः अंग्रेज़ी में बोलना शुरू किया। मैंने राधाकृष्णन को अंग्रेज़ी में सुना था और डॉ. श्यामाप्रसाद मुखर्जी को भी। दोनों अच्छी अंग्रेज़ी बोलते थे। पर पण्डितजी की अंग्रेज़ी बड़ी सहज, सरल, सारगर्भित और दार्शनिक व्याख्यायुक्त थी। उस समय 'कम्युनिज्म' पर वे बोल रहे थे। उनकी भाषा का माधुर्य अलग, कम्युनिज्म की बारीकियों की जैसी व्याख्या और उसके खतरों की चेतावनी जो उन्होंने प्रस्तुत की थी, उससे उनके अध्ययन और पाण्डित्य का पता चलता था। मिनट-मिनट पर तालियों से हॉल गूँजता रहा और भाषण समाप्त होते ही गगनभेदी नारों—पं. जवाहरलाल की जय' से वायुमण्डल गूँज उठा।

नेहरू थोड़े ही समय में विश्व के नेताओं में प्रतिष्ठित हो गये। वे विश्वशान्ति के अग्रदूत थे। उनकी पालिसी गुट निरपेक्षता की थी—सभी से दोस्ती, किसी से द्वेष नहीं। चीन के साथ उन्होंने पंचशील समझौता किया। हिन्दी-चीनी भाई-भाई के नारे लगे। श्वेत कपोत उड़ाये गये। पर चीन ने पीठ में छुरा भोंक दिया। 1962 में उसने हमारी सीमाओं पर आक्रमण करके बहुत-सी भूमि पर कब्जा कर लिया। पण्डितजी ने रेडियो प्रसारण पर कहा—'मैं सपनों की दुनिया में था, चीन ने हमारी आँख खोल दी।' इस आघात को वे सह न सके और और पक्षाघात से

पीड़ित होकर कुछ ही वर्षों में उन्होंने संसार से विदा ले लिया। पर मरने के पहले उन्होंने डायरी में लिखा : 'Before I sleep, I have miles to go, miles to go' पण्डितजी की कई नीतियाँ घातक भी सिद्ध हुई। चीन पर विश्वास, कश्मीर समस्या की उलझन और गाँधी-दर्शन को छोड़ देना अच्छा नहीं रहा, पर उनकी शताब्दी बीतते-बीतते उनकी अच्छाइयों की चर्चा ही उचित है। शेष के लिए तो रोज-रोज समय है।

युग-पुरुष महन्त दिग्विजयनाथ

मैं उन कुछ लोगों में ही हूँ जिन्हें महन्तजी यानी प्रात:स्मरणीय दिग्विजयनाथजी महाराज की निकटता प्राप्त करने का सुयोग मिला था। जब मैं उनकी देहाकृति का ध्यान करता हूँ और देखता हूँ कि विशाल बाहु, अतल तक भेदती विशाल आँखें, लम्बी नासिका और कुण्डल मण्डित बड़े-बड़े कान; साथ ही घन-गर्जनवाली बुलन्द आवाज़, उन्मुक्त अट्टहास तथा सबके बीच अपनी अलग पहचान बनानेवाला आपादमस्तक सम्पूर्ण स्वरूप; तो सहसा मुझे भगवान् बुद्ध का स्मरण हो जाता है। कान तो उनको मानो तथागत का ही मिल गया था और सौम्य मुख-मण्डल भी उन जैसा ही। यह तो बाह्य रूपाकृति थी। आत्मशक्ति और निर्णीत पथ पर निर्भय निष्क्रमण भी बुद्ध जैसा ही था उनमें। कहते हैं कि बुद्ध की वाणी में वह चमत्कार था कि जब वे कहते थे कि 'लो मैं आगे चल रहा हूँ—तुम भी साथ चलो।' तो लोग चल पड़ते थे उनके पीछे और काफिला बन जाता था। दिग्विजयनाथजी भी जिस पथ पर चलते थे, उस पर उनके पीछे चलनेवालों का ताँता लग जाता था और अपने निर्धारित गन्तव्य तक पहुँचकर ही रुकते थे। भगवान् बुद्ध पण्डितों से लेकर अपढ़ सामान्यजन तक, अशोक जैसे चक्रवर्ती राजाओं से लेकर भील-कन्या सुजाता और डाकू अंगुलिमाल तक सम्पूर्ण समाज को प्रभावित करनेवाले थे। उनके बहुत बाद में भारतवर्ष में गुरु गोरखनाथ ही हुए। गुरु गोरखनाथ की साधना-स्थली इस गोरक्षपीठ पर लम्बे अन्तराल के बाद महन्त श्री दिग्विजयनाथ ही ऐसे महापुरुष पीठासीन हुए जिन्होंने गोरखनाथ के मिशन का डंका सारे भारत में बजा दिया। गोरखनाथ ने जिस पन्थ का प्रवर्तन किया था, उसका उद्देश्य था, सनातन हिन्दू धर्म को मिथ्याडम्बरों, निरर्थक

कर्मकाण्डों और भोग-विलास में लिप्त पण्डों-पुजारियों से लेकर छद्म साधकों के जाल से मुक्त कराकर एक सशक्त साधनायुक्त आदर्श जीवन-पद्धति का रूप देना। दिग्विजयनाथजी ने भी युग की नाड़ी को पहचानते हुए-देशोद्धार के लिए 'भारत छोड़ो' आन्दोलन में भाग लिया। प्रसिद्ध चौरी-चौरा-काण्ड के प्रमुख सूत्रधारों में वे थे। पर कांग्रेस और महात्मा गाँधी की तुष्टीकरण-नीति से असहमत होने के कारण उन्होंने हिन्दू महासभा के बल-संवर्द्धन में अपनी सारी शक्ति लगा दी। पं. मदनमोहन मालवीय, स्वातन्त्र्य वीर सावरकर, डॉ. श्यामाप्रसाद मुखर्जी, पं. एन.सी.चैटर्जी, डॉ. मुञ्जे जैसे दिग्गज हिन्दू महासभा में थे। उन्हीं के नेतृत्व में तथा आगे चलकर उनकी समकक्षता में उन्होंने हिन्दू राष्ट्र के लिए तन-मन-धन अर्पित कर दिया।

हिन्दू महासभा का अखिल भारतीय अध्यक्ष उन्हें चुना गया। गाँधीजी की निर्मम हत्या के अभियोग में सावरकर, गोलवलकर आदि दिग्गजों के साथ महन्तश्री को भी आरोपित करके बन्दी बना दिया गया। यहाँ तक कि उन पर आरोप लगा था कि नाथूराम गोडसे ने जिस रिवाल्वर से गाँधीजी पर वार किया था, वह महन्तजी की रिवाल्वर थी। उस समय की केन्द्रीय सरकार बौखलाहट में समस्त हिन्दू-संगठनों को समाप्त करने पर आमादा थी। अत: आधारहीन आरोपों द्वारा वह दिग्गज हिन्दू नेताओं को सजा दिलाकर मुस्लिम तुष्टीकरण की अपनी नीति को क्रियान्वित कर रही थी। किन्तु न्यायपालिका ने उसके सारे मन्सूबों को ध्वस्त कर दिया और महन्तजी ससम्मान कारागृह से निकले और अपार जनसमूह ने जयघोष से उनका स्वागत किया। 1963-64 से मैं महन्तजी के अधिक सान्निध्य में आया। गोरखपुर विश्वविद्यालय की स्थापना में महन्तजी का केन्द्रीय महत्त्व है। उन्होंने अपने द्वारा स्थापित महाराणा प्रताप शिक्षा परिषद् द्वारा स्थापित-संचालित महाराणा प्रताप कॉलेज का सम्पूर्ण परिसर, भू-सम्पत्ति तथा अन्यान्य समस्त उपकरणों सहित विश्वविद्यालय को दे दिया। सुयोग्य अध्यापकों का प्रभामण्डल भी इस संस्था के पास था, उसे सहर्ष उन्होंने दिया। विश्वविद्यालयों का प्रारम्भ इसी भूमि पर हुआ और प्रारम्भ में यहीं गोरखपुर विश्वविद्यालय

का केन्द्रीय कार्यालय भी था। आज भी कई संकाय इसी परिसर में कार्यरत हैं। इतना करने के बाद जब विश्वविद्यालय की शैक्षिक व प्रशासनिक निकायें बनने लगीं तो कुछ बड़े लोगों ने अपना अधिकार जमाने का उपक्रम शुरू कर दिया। इसके लिए जातीयता का विष-बीज भी बोया जाने लगा। महन्तजी ने अथक श्रम के साथ, अपार सम्पत्ति देकर जिस शिक्षा-संस्था को बनाया था, उसमें यह षड्यन्त्र उन्हें बर्दाश्त नहीं हुआ और उन्होंने उस कुचक्र के प्रतिरोध का बीड़ा उठाया और नेतृत्व किया। कहने की आवश्यकता नहीं कि जाति-विशेष के उस वर्चस्व को तोड़ने के लिए अन्य सभी जाति के लोग महन्तजी के साथ जुट गये। अग्रवाल, कायस्थ, राजपूत, सिख और कुछ पिछड़ी कही जानेवाली जाति के लोग भी एक मोर्चा बनाकर विश्वविद्यालय को बर्बाद होने से बचाने में सहायक हो गये।

इसी प्रतिरोध यज्ञ का एक छोटा-सा कार्यकर्त्ता मैं भी था। आजमगढ़ में महन्तजी का विश्वविद्यालयीय प्रतिनिधि मैं ही था। तब तक मेरा मन्दिर या महन्तजी से कोई सम्पर्क नहीं था। जौनपुर के तिलकधारी कॉलेज के प्रतिष्ठित प्राचार्य एम.एल.सी., महाविद्यालय शिक्षक संघ और राष्ट्रीय शिक्षक महासंघ के अध्यक्ष श्री हृदयनारायण सिंह के कॉलेज में मैं 61-62 में विधि-प्रवक्ता था और वहीं उनके काफी निकट आ गया था। शिक्षक संघों में भी मेरी भागीदारी थी। अतः उन्हीं के निर्देश पर विश्वविद्यालय कोर्ट के लिए मैंने आजमगढ़ से 125 सदस्य बनाये। उस समय बहुत कम शुल्क था। पहले से ही 50 सदस्य यहाँ थे। मतपत्र आ जाने पर मैं उन्हें एकत्र करता और मन्दिर पहुँचाता। कई वर्षों तक इस काम में लगा रहा। महन्तजी कभी आवास-भवन के सामने आम्रकुंज में, कभी नीचे की बैठक में, कभी ऊपर की बैठक में मिल जाते थे। पर मतपत्रों के सम्बन्ध में वार्त्ता और उनका एकत्रीकरण ऊपर होता था और मतपत्रों को पं. द्वारिका तिवारी आलमारी में रखते थे। बड़े-बड़ों के बीच मेरी कोई हैसियत नहीं थी। मुझसे कम उम्र के केवल द्वारिका तिवारी थे जो मतपत्रों के खजांची थे, संग्रह अभियान के सैनिक नहीं। उन दिनों ही महन्तजी का पारस-स्पर्श मेरे अन्दर एक ऐसी

अनुभूति उत्पन्न करता था कि मुझे लगता ही नहीं कि मैं भारतवर्ष की एक महान् हस्ती के साथ बैठा हूँ। मुझे तो लगता था कि यह बूढ़ा संन्यासी मेरा मित्र है, मेरा मार्गदर्शक है, मेरा अभिभावक है। अंग्रेज़ी में कहूँ तो फ्रेण्ड, फिलॉसफर और गाइड है। स्नेह की उच्छल धारा, आत्मीयता का निराडम्बर विस्तार और आतिथ्य की अपार छाया किसी को भी पराभूत कर सकती थी। मेरे जैसे युवक के लिए तो यह अकल्पनीय ही था।

मैं बहुत बार उनसे काम लेकर मिलता था। विश्वविद्यालय का ही कोई काम होता था। कभी उन्होंने टालनेवाली बात नहीं की। फोन उठाया और मैं गोरखनाथ मन्दिर से महन्त बोल रहा हूँ—(उधर से अभिवादन): खुश रहो। देखो एक काम है—नोट करो। ये आजमगढ़ से आये हैं—मेरे भक्त हैं। इनका काम अवश्य होना चाहिए। (उधर से देखते हैं—फाइल मँगा लें) अरे भाई, अरे फाइल तो तुम्हीं लोग बनाते हो। जो भी फाइल में हो, काम अवश्य होना चाहिए। अच्छा, खुश रहो। ये भाषा-आदेश की भाषा वे सदैव बोलते थे। कोई भी कुलपति हो, कोई भी रजिस्ट्रार हो। महन्तजी उसे अपना समझकर आदेश देते और प्राय: कार्य होता ही था। भगवान् का वचन कहा जाता है: 'हम भक्तन के भक्त हमारे' पर यह बात महन्तजी अपने भक्तों पर पूरी तरह चरितार्थ करते थे।

महन्त माने कोई साधारण पुजारी, साधक और संन्यासी नहीं होता है। वह एक रियासत के राजा के समान अपने क्षेत्र का अधिकारी भी होता है। बड़े-बड़े महामण्डलेश्वर इतने सम्पन्न और समृद्ध हैं कि बड़े पूँजीपतियों की समता में वे आते हैं। गोरक्षपीठ उतना बड़ा और समृद्ध तो नहीं है, पर वह भी अपनी हैसियत में किसी से कम नहीं और अपनी मर्यादा में तो भारत के प्रथम श्रेणी के धर्म-पीठों में आता है, अपनी शिक्षा, स्वास्थ्य और सेवा की योजनाओं और क्रिया-कलापों के द्वारा। ऐसे पीठ के पीठाधीश्वर महन्त दिग्विजयनाथजी उत्तरी भारत के प्रधान हिन्दू नेता, हिन्दू महासभा के राष्ट्रीय अध्यक्ष, संसद के प्रभावी सदस्य की गरिमा के साथ एक बड़े भारी-भरकम व्यक्तित्व के धनी थे। लेकिन उनमें न अहंकार था और न मोह। उनमें बच्चों जैसी सरलता और लोकसेवा

के लिए पानी के तरह धन बहाने की प्रवृत्ति थी-धन का कोई मोह उनमें नहीं था।

उनकी अहंकारशून्यता का उदाहरण एक महात्मा ने मुझे अपने निजी संस्मरण में सुनाया था। एक बार स्वामी स्वतन्त्रानन्दजी महाराज मन्दिर पहुँचे। महन्तजी के आदेश से संस्कृत पाठशाला के एक कमरे में उनके रहने की व्यवस्था की गयी। स्वामीजी ने बताया कि महन्तजी ने सेवकों को सहेज रखा था कि स्वामीजी को कोई असुविधा न हो। स्वामी-संन्यासी को चाहिए क्या था? पर षट्राग अधिक था। मिट्टी के पात्र और पत्तेवाली पत्तल पर खाते थे। लहसुन-प्याज नहीं और यह नहीं, वह नहीं। एक वक्त दोपहर में भोजन और शाम को केवल दूध। दूसरे दिन प्रात:काल महन्तजी टहलते हुए स्वामीजी के कक्ष में पहुँचे। हाल-चाल लिया और पूछा दोपहर की भिक्षा का समय क्या रहता है—महाराज? स्वामीजी ने बताया-11 बजे। ठीक 11 बजे महन्तजी उस कक्ष में आ गये। जमीन पर स्वामीजी की बगल में बैठ गये। भोजन आ गया था। स्वामी जी ने भोजन प्रारम्भ किया और महन्तजी ने बाँस की बनी पंखी झलना प्रारम्भ किया। स्वामीजी उम्र में भी छोटे थे और एक यायावर-संन्यासी और दिग्विजयनाथ जी एक महान् पीठ के पीठाधीश्वर और देश के एक महिमामण्डित ख्यातिलब्ध व्यक्तित्व। स्वामीजी ने कहा कि महाराज, यह क्या कर रहे हैं? महन्तश्री ने उत्तर दिया,—"स्वामीजी आप हमारे अतिथि हैं—अतिथि का सत्कार हमारा परमधर्म है, और आप संन्यासी हैं—संन्यासी का दर्जा हमारे धर्म में सर्वोच्च होता है। अत: आपकी सेवा में मुझे लगना ही चाहिए।" ऐसे आचरण-सम्पन्न, धर्मात्मा और अहंकारशून्य महापुरुष थे—महन्त दिग्विजयनाथजी।

मेवाड़ के राजवंश में जन्मे, सिसोदिया कुल-रत्न नान्हू सिंह को गोरखपीठ को समर्पित करते हुए, चाचा ने सोचा था कि उन्होंने पूरी सम्पत्ति प्राप्त कर ली और नान्हू को देश-निकाला दे दिया। पर वही निराश्रित बालक नान्हू सिंह अपनी तेजस्विता और चरित्र बल से दिग्विजयनाथ बना और जिसने वह सम्पदा अर्जित की जो बप्पा रावल, राणा सांगा, उदयसिंह और राणा प्रताप के कुल गौरव के अनुकूल थी।

उन्होंने अपनी कीर्ति को विश्व भर में फैलाया। एक युग-पुरुष के रूप में गोरखपुर के गोरक्षपीठ को भारत के साथ नेपाल, तिब्बत, ब्रह्मदेश के एक आदर्श प्रेरणा-केन्द्र के रूप में प्रतिष्ठित किया और विश्व में हिन्दू धर्म की ध्वजा को लहराकर प्रमाणित कर दिया कि निराश्रित नान्हू सिंह ने स्वयं का मात्र जीवन-यापन नहीं किया अपितु युग की पीड़ा को समझकर और 34-35 वर्षों तक गोरखपीठ के माध्यम से देश में जागृति का सन्देश पहुँचाया। उस सन्देश की अनुगूँज आज भी उनके द्वारा स्थापित संस्थाओं में बराबर सुनायी पड़ती है। महन्त अवैद्यनाथ ने उनके कार्यों को आगे बढ़ाया। रामजन्मभूमि आन्दोलन के अग्रणी नेता थे। यद्यपि संसद् और उ.प्र.विधान सभा दोनों में रहे। पर अन्ततः उन्होंने चुनावी राजनीति का त्याग करके विश्व हिन्दू परिषद् के साथ अस्पृश्यता समाप्त करने और रामजन्मभूमि पर भव्य राम मन्दिर निर्माण के यज्ञ में अपनी जीवनाहुति दे दी। अब उनके उत्तराधिकारी महन्त योगी आदित्यनाथ ने और आगे अपने संस्थान की ख्याति विश्व-पटल पर फैला दी है। उत्तरप्रदेश के मुख्यमन्त्री के रूप में उन्होंने त्याग-कर्मठता-लोकहित का एक मानक उपस्थित किया है। उनकी वाग्मिता में वह शक्ति है कि वे भारत के सभी प्रान्तों के आमन्त्रण पर अपने व्याख्यान द्वारा राष्ट्रीयता-भारतीयता की अलख जगा रहे हैं और शीघ्र ही विश्व-भ्रमण करके वे आधुनिक विवेकानन्द की भूमिका में दिखने लगेंगे। सच्चा गुरु वही होता है जिसके शिष्य उससे आगे बढ़ें। पिता की वरासत को पुत्र और गुरु की वरासत को शिष्य आगे बढ़ाता है। महन्त दिग्विजयनाथ जी शिष्य परम्परा ने इसे सिद्ध कर दिया है।

चौधरी चरणसिंह

चौधरी चरणसिंह कृषिप्रधान सम्भ्रान्त जाट परिवार में पैदा हुए थे। स्वतन्त्रता-आन्दोलन में उनकी भागीदारी थी, किन्तु पैतृक परम्परा से लेकर अपने निजी स्टेटस तक उनकी स्थिति नहीं थी, कि वे कई बार उत्तर प्रदेश के मुख्यमन्त्री, भारत सरकार के गृहमन्त्री और भारत सरकार के प्रधानमन्त्री तक पहुँचते। यह इसलिए सम्भव हुआ कि वे अत्यन्त ईमानदार, सिद्धान्तनिष्ठ और दृढ़ निश्चय के व्यक्ति थे। उत्तर प्रदेश के राजस्व मन्त्री के रूप में बागडोर कसी, तो सारे प्रदेश के पटवारियों ने हड़ताल कर दी। अपना बस्ता तहसीलों में जमा कर दिया और काम-धाम बन्द कर दिया। व्यवस्था के इतने बड़े गतिरोध को बड़ी दृढ़ता से उन्होंने हल किया और सभी पटवारियों को बर्खास्त करके नयी भर्तियाँ कीं। परिणामस्वरूप प्रदेश के लोगों के मन में चरणसिंह की एक इमेज बैठ गयी और लोग उनके भाषणों को बहुत गौर से सुनने लगे। मैंने यह अनुभव किया, भारत की कृषिप्रधान अर्थव्यवस्था को सबसे अधिक चरणसिंह समझते हैं। और यही कारण था कि वे प्रदेश में किसानों के सबसे प्रिय नेता के रूप में प्रतिष्ठित हुए।

प्रधानमन्त्री पण्डित नेहरू साम्यवादी व्यवस्था से बहुत प्रभावित थे। उन्होंने किसानों के गाँव-गाँव में रूसी ढंग के कम्यून (समूह) बनाकर सहकारी खेती का प्रस्ताव किया। जवाहरलाल के व्यक्तित्व के सामने उस समय कोई विरोध करने की हिम्मत नहीं कर सकता था। पर चरणसिंह ने उसका विरोध किया और कहा कि जो व्यवस्था रूस में असफल हो रही है, उसको भारत में लागू करने का कोई अर्थ नहीं है। इतना ही नहीं उन्होंने इस प्रस्ताव के विरोध में लेख लिखे, और एक

पुस्तक लिखी 'ज्वाइण्ट टिनेन्सी एक्सरेज' (संयुक्त खेती की अन्त:परीक्षा)। इस पुस्तक में उन्होंने सामूहिक खेती के दोषों को प्रस्तुत किया।

धीरे-धीरे कांग्रेस के अन्दर व्याप्त भ्रष्टाचार और नीतियों से असहमत होने के कारण उन्होंने अपने समर्थकों के साथ कांग्रेस छोड़ दी और कई दलों के साथ मिलकर उत्तर प्रदेश के मुख्यमन्त्री बने। कुछ समय के बाद जब संविद सरकार गिर गयी और वे मुख्यमन्त्री नहीं रहे तो उन्होंने अपने नये दल के विस्तार के लिए प्रदेश भर में दौरा किया, उसी क्रम में उनका आगमन आजमगढ़ में हुआ। उस समय आजमगढ़ के एक कद्दावर नेता और विधायक बाबू रामबचन यादव उनके सिपहसालार थे। मैं उस समय आजमगढ़ नगरपालिका का अध्यक्ष था। वैसे तो रामबचन जी से मेरा बहुत अच्छा सम्बन्ध था। पर उनके दल से कोई सम्बन्ध नहीं था। पता नहीं क्यों उन्होंने मुझसे कहा कि चौधरी साहब आ रहे हैं, दिन में तो वे भोजन नहीं करते रात्रि में सभा के बाद मैं चाहता हूँ कि उनका भोजन आपके घर पर हो। मैंने सहर्ष स्वीकार किया, और भीतर से प्रसन्न भी हुआ कि देश में इतने बड़े नेता जो अपने गुणों के कारण मुझे बहुत पसन्द भी था, उसके सम्मान का मुझे अवसर मिलेगा। भोजन का समय आठ बजे रात्रि में तय था, सात बजे रामबचन जी का फोन आया, कि चौधरी साहब थके हैं, भोजन तैयार हो तो अभी आना चाहते हैं और पन्द्रह मिनट में आ गये मेरी बैठक में। वे ज्यों ही बैठे, बिजली कट गयी। मैं एक मोमबत्ती जलाकर सनमाइका के टेबुल पर रखता था, और वह फिसल जाती थी। चौधरी साहब ने डाँटकर कहा कि तुम मोमबत्ती रखते समय हाथ हिला देते हो, तो कैसे चिपकेगी। मैंने कहा कि बात यह है कि आपके सामने बड़े-बड़ों का हाथ काँप जाता है। मेरी क्या हस्ती है! थोड़ा मुस्कराकर वे चुप हो गये। भोजन बड़ी रुचि से किया, सादा भोजन। बहुत से आइटम छोड़ा भी, और डाँटा भी कि इतना अधिक बनाने की क्या जरूरत थी। भोजन के बाद डॉक बँगले पर पहुँचने पर उन्होंने कई लोगों के सामने मोमबत्तीवाली घटना का जिक्र किया था, और कहा था, रामबचन तुम्हारा यह प्रोफेसर बहुत चालाक है।

साल भर बाद दूसरा कार्यक्रम आजमगढ़ का लगा, तो उनका निर्देश था कि इस बार न कहीं भोजन न कहीं जलपान। जो कुछ भी होगा डॉक बँगले पर ही होगा। इस बार भी रामबचन जी ने मुझसे कहा कि चौधरी साहब तो भोजन डॉक बँगले पर ही करेंगे, किन्तु जलपान आपके घर करेंगे, तो मैंने स्वीकार कर लिया। जब यह प्रस्ताव चौधरी साहब के सामने रखा, तो उन्होंने कहा कि इस बार कहीं नहीं चाय पीने जाना है। उनके अंगरक्षक और उनके विश्वसनीय व्यक्ति करतार सिंह थे। उन्होंने हस्तक्षेप किया कि साहब इन्होंने चाय उसी प्रोफेसर के घर रखी है, जहाँ पिछली बार आपने भोजन किया था। चौधरी ने कहा अच्छा भाई उसके यहाँ चाय कर लेंगे। वहाँ समय की पाबन्दी रहती है और मेरे भोजन जलपान की अनुकूलता का ध्यान भी रखा जाता है। इस प्रकार उनको दो बार अपने घर पर अतिथि के रूप में पाना मेरे लिये साधारण बात नहीं थी।

सन् 1975 में 26 जून को जब आपातकाल लगा तो देश के तमाम बड़े नेताओं के साथ चौधरी साहब भी जेल में भेज दिये गये। मैं भी जेल में था। लम्बे अर्से तक इमरजेन्सी चलते रहने के बाद इन्दिरा जी ने चौधरी साहब को रिहा कर दिया। उन्होंने समझा था कि चौधरी साहब छोड़े गये हैं, हो सकता है बातचीत करके कोई रास्ता निकले और आपातकाल खत्म हो जाय। उसी बीच उत्तर प्रदेश असेम्बली का एक सत्र हुआ और उसमें चौधरी साहब का एक लम्बा भाषण हुआ। भाषण बड़ा ही व्यंग्यात्मक था और उसके अन्त में उन्होंने कहा कि बोलो इन्दिरा गाँधी की जय! लोगों ने इसे दुहराया। खासतौर से कांग्रेसियों ने। फिर कहा बोलो संजय गाँधी की जय। इसे लोगों ने दुहराया फिर कहा बोलो 'राहुल गाँधी की जय।' राहुल गाँधी छोटे थे। इनकी जय बोलने पर कांग्रेसियों की समझ में आ गया कि परिवारवाद पर गहरा व्यंग्य है और हम देख रहे हैं कि उनकी यह भविष्यवाणी कितनी फल-फूल रही है।

ऐसा नहीं कि चौधरी दूसरों के परिवारों पर आरोप करते थे, वे स्वयं भी इस दिशा में सतर्क थे कि उनके परिवार का कोई राजनीति में नहीं आये, और राजनीति में पारिवारिक हस्तक्षेप न हो। चौधरी साहब चरित्र

के भी बड़े दृढ़ व्यक्ति थे। अपनी पत्नी गायत्री देवी से उनका बड़ा ही प्रगाढ़ आत्मीय सम्बन्ध था। उनका भी हस्तक्षेप वे स्वीकार नहीं करते थे। हाँ, प्रदेश में एक आध टिकट उनकी संस्तुति पर दे देते थे, ताकि वे नाराज न हों। अजीत सिंह उस समय विदेश में सेवारत थे। चौधरी साहब ने अपने जीते जी कभी भी उन्हें राजनीति में नहीं आने दिया, न अपना उत्तराधिकारी बनने दिया।

आपातकाल रहते हुए ही इन्दिरा गाँधी ने संसद् के चुनाव की घोषणा कर दी, और गुप्तचर रिपोर्टों पर उन्हें पूर्ण विश्वास था, कि वे प्रबल बहुमत से जीतेंगी पर उनकी करारी हार हुई, यहाँ तक कि उत्तर प्रदेश की पचासी सीटों में सभी जनता पार्टी को मिलीं। वे स्वयं और अपने निकट परिवारी जनों के साथ बुरी तरह पराजित हुईं। सब दलों का जनतादल बना, चन्द्रशेखर अध्यक्ष बने। मोरारजी प्रधानमन्त्री और चौधरी साहब भारत के गृहमन्त्री बने। आपातकाल में नसबन्दी के प्रश्न पर मुसलमानों ने भी जनता पार्टी को वोट दिया था। चुनाव बाद उनका एक प्रतिनिधिमण्डल मिला और उसने उत्तर प्रदेश में उर्दू को द्वितीय राजभाषा बनाने की माँग रखी। उन्होंने दो-टूक शब्दों में कहा कि उत्तर प्रदेश की राजभाषा एकमात्र हिन्दी है इस सम्बन्ध में जो नीति पहले से चली आ रही है, वही मेरी नीति है। इतनी स्पष्टवादिता और दृढ़ता चौधरी साहब में ही निहित थी।

उस समय हम लोग दिल्ली की खूब दौड़ लगाते थे। एक दिन ईशदत्त यादव और लक्ष्मीसहाय सक्सेना (जो नैनी जेल में रहते हुए एम.एल.सी. हुए थे) उनसे मिलने के लिए गृहमन्त्री निवास पर पहुँचे। स्वागत-कक्ष में बैठे सचिव ने कहा कि इस समय तो थोड़ी देर में दो राज्यपाल और दो प्रदेशों के मुख्यमन्त्री की मुलाकात तय है। इनके अलावा वे किसी से नहीं मिलेंगे। सब लोग हताश और वापस लौटने की सोच रहे थे, कि मैंने कहा कि मैं चौधरी साहब से मिलाऊँगा। मैं जानता था कि चौधरी साहब को आत्मप्रशंसा बहुत प्रिय है। मैंने जाल फेंका, सचिव पर, और कहा मैं चौधरी साहब के जीवन-चरित्र पर एक किताब लिखनेवाला हूँ, उनसे कुछ बातें समझनी हैं, लेकिन आज ही रात्रि की

गाड़ी से हमें वापस जाना है, तो मेरे नाम सहित यह सन्देश उनको दे दीजियेगा। उसने कहा—अच्छा आप लोग पाँच मिनट रुकिये, मैं चौधरी साहब से पूछकर बताता हूँ। वह भीतर गया और लौटते ही कहा कि चलिये चौधरी साहब ने बुलाया है। ड्राइंग-रूम के बगल में एक बरामदे में साधारण कुर्सियों पर बैठकर सामान्य लोगों से मुलाकात करते थे। उन्होंने तुरन्त हम लोगों को बुलाया और उनकी जीवनी पर केन्द्रित बात करता रहा, कोई आधे घण्टे बात हुई और उनके कीमती समय का हवाला देकर हम लोग निकल आये। ईशदत्त ने बताया कि वे सामान्य कार्यकर्त्ताओं से पाँच मिनट से ज्यादा बात नहीं करते। किन्तु आपसे वे आधे घण्टे बात करते रहे। यह मेरी बात का कमाल नहीं था। यह कमाल था जीवनी लिखने के प्रस्ताव का। चौधरी साहब की ईमानदारी और चारित्रिक दृढ़ता के बावजूद उनमें दो कमियाँ थीं, एक तो आत्मप्रशंसा सुनना और दूसरा ऊँचे पद के लिए शिथिल पड़ जाना। मुलायम सिंह ने एक बार कहा था, चौधरी साहब! भक्त और भाँट में अन्तर होता है। अर्थात् भाँट की तरह चाटुकारिता करनेवाले लोग आपसे अपने स्वार्थ सिद्ध कर लेते हैं।

आजमगढ़ में उसी समय संसद् का उपचुनाव घोषित हुआ। क्योंकि चुने गये सांसद रामनरेश यादव मुख्यमन्त्री हो गये थे और सीट खाली थी। उन्होंने रामबचन यादव को प्रत्याशी घोषित किया था, जिन्हें कुछ दिन पहले लकवा मार दिया था, और एक हाथ बराबर काँपता रहता था। उनका स्वास्थ्य ऐसा नहीं था कि चुनाव दौरे भी ठीक से कर सकें। हम लोग दिल्ली गये थे। इन्द्रासन सिंह एडवोकेट और ईशदत्त ने कहा कि चौधरी साहब से मैं ही यह बात कहूँ कि रामबचन जी चुनाव नहीं लड़ पायेंगे और चुनाव हार जायेंगे। उस समय चौधरी साहब बरामदे की लम्बी लान में बाल कटवा रहे थे। आजमगढ़ के चुनाव के नाम पर हम लोगों को वहीं इण्ट्री मिल गयी। बाल कटवाने के साथ-साथ लोगों से बात भी करते थे। और भीड़ अधिक होने पर वे किनारे चले जाते थे। ऐसे ही वे अकेले थे, तो हिम्मत करके मैं पहुँचा और कहा कि चौधरी साहब, मैं एक प्रार्थना करने आया हूँ। उन्होंने कहा कि बताओ! मैंने कहा कि रामबचन जी अच्छे आदमी हैं, एक सम्मानित नेता हैं। मेरे भी

व्यक्तिगत सम्बन्ध अच्छे हैं। उनको लकवा मार गया है, वे चुनाव नहीं लड़ सकते और चुनाव हार जायेंगे। चौधरी साहब ने बाल काटना बन्द करने के लिए कहा और हमसे मुखातिब होते हुए बोले कि तुम बात ठीक कहते हो, लेकिन यह रामबचन को तय करना है कि वह चुनाव लड़ेगा कि नहीं लड़ेगा। अगर वह लड़ना चाहता है तो मैं उसे टिकट दूँगा। चौधरी साहब एहसानफरामोश नहीं थे। वे निरन्तर साथ रहनेवालों का सम्मान करते थे।

केन्द्र की जनता पार्टी सरकार में जब गिरावट आने लगी और उस बिखराव को इन्दिरा गाँधी हवा भी दे रही थीं, रोजाना राजनारायण ने इन्दिरा गाँधी से मिलकर चौधरी साहब के लिए समर्थन माँगना शुरू किया। चौधरी साहब के पैरों के नीचे जमीन पर बैठकर उनका हनुमान बनने का दावा करनेवाले राजनारायण ने उनकी महत्त्वाकांक्षा की प्रवृत्ति का लाभ उठाकर उन्हें प्रधानमन्त्री बनने के लिए राजी कर लिया। कुछ दिनों के बाद, सरकार को गिरना ही था। सरकार गिरा दी गयी। उस समय भी राजनारायण ने चौधरी साहब से कहा था कि एक बार इन्दिरा गाँधी से मिल लीजिये। सरकार बच जायेगी। लेकिन उन्होंने साफ उत्तर दिया कि मैं इन्दिरा गाँधी से नहीं मिलूँगा। सरकार रहे चाहे जाय। इसके बाद फिर यही खेल चन्द्रशेखर के साथ हुआ। सरकार बनी और महीने से कुछ अधिक दिन चलने के बाद सरकार गिरा दी गयी। चौधरी साहब के स्वर्णिम जीवन का यह काला अध्याय है, जिसके कारण राजनारायण थे, जिन्होंने कभी इन्दिरा गाँधी को अदालत से अयोग्य घोषित कराया और आपातकाल के बाद चुनाव लड़कर जीता भी।

लोकबन्धु राजनारायण

राजनारायण जी बड़े जटिल व्यक्तित्व के नेता थे। उनके समर्थक उन्हें लोकबन्धु कहते थे। कुछ उन्हें कुर्सी उछाल, मूर्तिभंजक, उद्दण्ड, साहसी और जिद्दी समझते थे। वे द्रवित होते थे तो चन्दन की तरह शीतल होते थे और क्रोध में होते तो आग के शोले बन जाते थे। वाराणसी के एक प्रसिद्ध गीतकार राहगीर जी ने उनका एक संस्मरण सुनाया था। एक बड़े आदमी के किसी ईंट-भट्टे पर उनका एक मकान था। उसी भट्टे पर नाटककार लक्ष्मीनारायण मिश्र का कनिष्ठ पुत्र लिपिक के रूप में कार्यरत था। मिश्र जी आये थे और उसी समय राजनारायण जी उन्हीं भट्ठामालिक सज्जन के अतिथि थे। गर्मी का दिन था। छत पर मिश्र जी और राजनारायण जी की खाट लगी थी। मिश्र जी पहले से विराजमान थे और राजनारायण जी बाद में आये। दिनभर की आपाधापी से थके तो थे ही, मिश्र जी ने पूछा, 'आप कौन?' उन्होंने बताया 'मैं राजनारायण'। मिश्रजी ने कहा कि तुम मेरे किसी नाटक को पढ़े हो। उन्होंने कहा 'नहीं'। तुम्हारे इण्टरमीडिएट में मेरा नाटक तो लगा रहा होगा। इत्यादि। अब राजनारायण जी फूट पड़े-देखो, मैं आल इण्डिया सोसलिस्ट पार्टी का अध्यक्ष राजनारायण हूँ। तुम नाटक नौटंकी लिखनेवाले तभी से 'तुम' कहकर मुझे पुकार रहे हो। अब आगे अगर कुछ कहा तो गर्दन पकड़कर छत के नीचे फेंक दूँगा।' पता नहीं यह बात कितनी सच है, क्योंकि यह सुनी हुई बात है, पर उनके स्वभाव को देखते हुए यह असम्भव नहीं है।

उनका भाषण तो बहुत सुन चुका था, पर प्रत्यक्ष भेंट जयप्रकाश नारायण के साथ आजमगढ़ के निरीक्षण भवन में हुई थी, जिसकी चर्चा

जयप्रकाश जी के संस्मरण में हो चुकी है। फिर राजनारायण के टकराहट के स्वभाव का परिचय मिलता रहता था। जो आदमी जवाहरलाल जी को नहीं बख्शता था, उसके लिए और नेता किस खेत की मूली थे। जब चीनी आक्रमण के आघात से नेहरू जी पक्षाघात से पीड़ित थे, तो गोरखपुर की सैनिक हवाई पट्टी पर उनके वायुयान के आने पर उन्होंने नारा लगाया था—'लकवामार जवाहरलाल-वापस जाओ वापस जाओ।' वह नारा तो हमें भी बुरा लगा। मैं नेहरू जी की नीतियों से असहमत था। पर राजनारायण के लिए यह मामूली बात थी। इन्दिरा गाँधी पर उनके कई नारे चले थे—'बेटा कार बनाता है, माँ बेकार बनाती है', 'खा गयी राशन, पी गयी तेल—यह देखो इन्दिरा का खेल।' उनकी टकराहट नारे तर्क ही नहीं रही, इन्दिरा जी के सत्ता के दुरुपयोग के प्रमाण भी जुटाते रहे। हार जाने पर उन्होंने इन्दिरा जी के खिलाफ कोर्ट में केस कर दिया और न्यायमूर्ति जगमोहन सिन्हा ने इन्दिरा गाँधी के चुनाव को अवैध करार देते हुए उन्हें आगे प्रधानमन्त्री के अयोग्य घोषित कर दिया। इस ऐतिहासिक फैसले ने देश के इतिहास में तनाव खड़ा कर दिया और प्रधानमन्त्री ने लोकतन्त्र का गला घोंटते हुए आपातकालीन तानाशाही कायम कर दिया। अब राजनारायण जी अन्तर्राष्ट्रीय फलक पर एक चर्चित नेता हो गये।

आपातकाल में सभी प्रमुख विरोधी नेताओं को रातोंरात जेल में बन्द कर दिया गया। उसमें राजनारायण जी भी प्रथम पंक्ति की गिरफ्तारियों में जेल भेजे गये। उन्नीस महीने के जेल-जीवन के अन्दर राजनारायण में एक अद्‌भुत परिवर्तन हुआ। वह यह कि आपातकाल पूर्व के राजनारायण नास्तिक थे या नहीं, यह तो मैं नहीं जानता पर इतना तो जरूर था कि वे मन्दिर, मूर्ति, साधु, सन्तों से प्राय: दूर ही रहते थे। पर जेल में जाने पर उनमें एक बड़ा परिवर्तन आया कि वे जेल से पूर्ण आस्तिक बनकर लौटे और उन्होंने अपने बाल और दाढ़ी दोनों को बढ़ाकर साधुओं जैसा बना लिया था। जब दिल्ली में जनता पार्टी की सरकार बन रही थी तो हम लोग भी दिल्ली में जमे थे। विक्रमाराय के साथ एक दिन राजनारायणजी के आवास पर गया तो उनके बड़े कमरे में एक दिवाल के साथ मेजें लगाकर

पूरी एक पंक्ति में देवरहवा बाबा आदि कई सन्तों और कुछ देवी-देवताओं के चित्र लगे थे और उन पर मालाएँ भी चढ़ायी हुई थीं। शायद जेल के एकान्त में वे कुछ सन्तों के जीवन के अध्ययन और उनकी शान्ति एवं उपलब्धियों को पढ़कर यह परिवर्तन उनमें आया था। कभी-कभी एक ही घटना मनुष्य की जीवनधारा को बदल देती है। कह नहीं सकता कि राजनारायण में यह परिवर्तन कैसे और किस घटना या सन्त के प्रभाव से आया।

राजनारायणजी पहले तो कहते थे वे जनता-सरकार में मन्त्री नहीं बनेंगे। पर अन्ततः मन्त्री बने और चौधरी चरणसिंह के अनन्य भक्त बन गये। उ.प्र. की राजनीति में चौधरी साहब को कांग्रेस से अलग करके विरोधी दलों के समर्थन से मुख्यमन्त्री बनवाने में उनकी और नानाजी देशमुख की महत्त्वपूर्ण भूमिका थी। एक बार चौधरी साहब के दल के साथ, समाजवादी दल और डॉ. फरीदी की मुस्लिम पार्टी के साथ सरकार बनाकर चौधरी साहब को मुख्यमन्त्री बनाने में भी राजनारायण सूत्रधार थे। तात्पर्य यह कि इससे पूर्व भी वे उनके निकट थे।

दिल्ली की जनता सरकार बनने के बाद उ.प्र. सहित कई प्रदेशों की सरकारें गिर भी गयीं और चुनाव में जनता पार्टी बहुमत में आयी। पार्टी तो बन गयी थी पर घटक दल के विधायकों की संख्या के आधार पर मुख्यमन्त्री बनना था। चौधरी साहब ने मेरठ के बलवीर सिंह को कह दिया था कि आप लखनऊ चलिये। आपको मुख्यमन्त्री भी बनना है। बलवीर सिंह सिंचाई मन्त्री रह चुके थे और बड़े कुशल प्रशासक एवं विधिवेत्ता थे। पर राजनारायण ने पासा पलट दिया। उन्होंने कहा : 'चौधरी साहब, हमारी इच्छा थी, कि जब हमारी सरकार बने तो मुख्यमन्त्री किसी पिछड़ी जाति का बनाया जाय। राजपूत को मुख्यमन्त्री बनाने से पिछड़ों में क्या सन्देश जायेगा।' चौधरी साहब ने कहा कि किसी पिछड़े वर्ग के विधायक को इस योग्य भी तो होना चाहिए। तब राजनारायण जी ने रामनरेश यादव का नाम लिया, जो तब संसद्-सदस्य चुने गये थे। चौधरी ने प्रतिवाद किया। अभी वह नया-नया सांसद बना है। उसमें शासन

चलाने का अनुभव भी नहीं है। राजनारायण जी ने उनकी योग्यता का पुल बाँध दिया और उनकी कुर्सी के नीचे पैरों के पास बैठे रामभक्त हनुमान की तरह उन्होंने चौधरी साहब का निर्णय बदलवा दिया था और रामनरेश जी मुख्यमन्त्री बन गये।

महीने के अन्दर उन्हें विधान-सभा का सदस्य होना और संसद् से त्याग-पत्र देना था, तो पार्टी ने एटा जिले की निधौनी कला सीट पर उन्हें चुनाव लड़ा दिया। आजमगढ़ से मैं भी ईशदत्त के साथ प्रचार में गया था। पहले तो हम लोग अपने ढंग से वहाँ के कार्यालय के निर्देश पर विभिन्न क्षेत्रों में प्रचार करते रहे, पर अन्तिम सप्ताह में अलग-अलग समूह बनाकर प्रचार की योजना बनी। अब राजनारायण जी, सुशीला भदौरिया और मेरी एक टोली बनी, जो मुख्यत: राजपूत बेल्ट में प्रचार के लिए निकली। इस बीच मैं राजनारायण जी के निकट सम्पर्क में रहा। राजनारायण रुपया माँगनेवाले कार्यकर्त्ताओं पर बिगड़ पड़ते थे, पर थोड़ी ही देर में सहज होकर उसे रुपये दे देते थे। मैंने इस अभियान में कभी उन्हें बहुत बड़ा समझनेवाला नहीं अनुभव किया। बहुत सहज भाव से वे हमें अपने मित्र जैसा बर्ताव प्रदान करते थे। व्यावहारिक भी खूब थे। दोपहर ढल गयी थी। भूख तो सभी को लगी थी, पर मुझसे पूछा, 'कहीं खाना खाया जाय?' मैंने कहा 'जैसी आपकी आज्ञा होगी—किया जायगा।' उन्होंने ड्राइवर को गाड़ी कासगंज के पास पवाँरी नाम के गाँव में बड़े जमींदार के घर चलने को कहा। बड़ी सुन्दर हवेली। मुख्यद्वार को वहाँ के सेवक ने खोला। गाड़ी से उतरकर हम लोग पेड़ की छाया में बैठे। कुछ ही देर में जलपान आया। आनन-फानन में नौजवान ठाकुर साहब स्वयं ट्रैक्टर चलाते हुए अपने खेत से आये और हमारे बारे में जानकर आधे घण्टे में सुन्दर भोजन की व्यवस्था करके हमें तृप्त किया।

इसी क्रम में सुशीला जी को उनके घर पहुँचना पड़ता था। कहने की आवश्यकता नहीं कि वे स्व.अर्जुन सिंह भदौरिया की पत्नी थीं और उनका निवास इटावा में था। मैं मैनपुरी से आये एक शिष्य को साथ लेकर उनके घर गया जहाँ मुझे रात में रुकना पड़ा। प्रात:काल फिर उनके साथ अपने

नित्य कार्यक्रम में हम लग गये। इस साथ में उनकी जो आत्मीयता मुझे मिली वह मैं भूल नहीं सकता।

अन्त में निरन्तर संघर्षशील और आक्रामक राजनारायण जी ने एक ऐतिहासिक भूल की। जनता पार्टी के विघटन के समय उनकी पहल पर इन्दिरा गाँधी के समर्थन से अपने घटक के सदस्यों के साथ चौधरी चरणसिंह को प्रधानमन्त्री बनाया। पर थोड़े ही दिनों में मैडम ने समर्थन वापस लेने की घोषणा कर दी। सुना जाता है कि राजनारायण जी ने चौधरी साहब को कहा कि एक बार आप इन्दिरा गाँधी से मिल लें तो सब ठीक हो जायेगा। चौधरी साहब ने कहा कि यह मेरे लिये असम्भव है। जिस श्रीमती गाँधी पर भ्रष्टाचार का आरोप लगाकर उन्हें अपदस्थ किया, जिनके विरुद्ध अपने पूरे राजनीतिक जीवन में वे लड़ते रहे, उनके ऊपर विश्वास और उनके सामने घुटना टेकने जैसी भयंकर भूल इस लड़ाकू व्यक्ति के जीवन का सबसे बड़ा कलंक था।

माधव राव सदाशिव राव गोलवलकर 'श्री गुरूजी'

राष्ट्रीय स्वयंसेवक संघ के द्वितीय सरसंघचालक श्री गोलवलकर जी काशी हिन्दू विश्वविद्यालय से जीव विज्ञान में परास्नातक उपाधि प्राप्त करके श्री मालवीय जी के कहने पर वहीं अध्यापक बने। तभी उनके शिष्यों ने उन्हें 'गुरूजी' कहना शुरू किया और यही नाम मानो उनका असली नाम बन गया। उन्होंने विज्ञान के साथ विधि विषय में एल एल.बी. भी कर लिया था। शुरू से ही उनमें कुछ अजीब-सी चीज मन्थन कर रही थी कि वे शोधकार्य हेतु प्रयाग विश्वविद्यालय गये, पर फिर विचार बदला और आगे बढ़े। रसायन विज्ञान के प्रो. (डॉ.) सत्यप्रकाश ने अपने एक संस्मरण में इस प्रसंग पर लिखा : "गुरू गोलवलकर मेरे साथ ही प्रयाग में शोधकार्य हेतु आये थे। मैं तो यही तेली के बैल की तरह शोधकार्य और अध्यापन में इस परिसर में चक्कर लगाता रहा, पर उनको तो वह बन्धन तोड़कर पूरे देश के लिए काम करना था और वे यहाँ से खिसक गये।" फिर नागपुर में वकालत और वहाँ भी मानसिक सन्तोष नहीं। सब छोड़-छाड़कर सरगाछी आश्रम में स्वामी अभेदानन्द का शिष्यत्व ग्रहण किया। उनकी सेवा में अहर्निश लगे रहे संन्यासी बने। गुरू-सेवा की संलग्नता में दाढ़ी-बाल बढ़ गये, बनाने-बनवाने का भी समय नहीं। तब तक डॉ. हेडगेवर ने आकर स्वामी जी से उन्हें संघकार्य के लिए माँग लिया। उन्होंने आदेश दिया 'जाओ, समाज का काम करो। विवेकानन्द भी संन्यासी होकर यही कर रहा है। पर हाँ तुम संन्यासी बने तो वह तो अब तुम्हारे विधि-निषेध का निमित्त है और ये दाढ़ी बाल भी

अब मत बनवाना, यह तुम्हें अच्छा भी लगता है और यहाँ के काल में यह तुम्हारे समर्पण और सेवा का प्रतीक भी बना रहेगा।' गुरूजी ने श्वेतवस्त्र में रहते हुए भी संन्यासी के धर्म का यावज्जीवन पालन किया।

जब संघ पर प्रथम प्रतिबन्ध लगा तो मैं संघ को नहीं जानता था। कक्षा 8 का छात्र था। सत्याग्रह करके माला पहने नारा लगाते गिरफ्तारी देते किशोरों बालकों की टोली देखकर मुझमें उत्सुकता जगी कि जानूँ, ये क्या चाहते हैं। और संघ के बारे में जाना और प्रतिबन्ध हटने के बाद मैं संघ की शाखा में जाने लगा। उसी समय श्री गुरू जी ने देश भर का दौरा किया और उन्हें देखने-सुनने को अपार भीड़ उमड़ती थी। गोरखपुर में गुरू जी का कार्यक्रम था। पूरे गोरखपुर मण्डल के लोगों को वहाँ जाना था। आजमगढ़ से एक बस पर सभी लोग गये थे, जिसमें समाजवादी नेता सन्तोषानन्द जी जैसे कई नामचीन हस्तियाँ भी गयी थीं। वहीं मुझे उनके प्रथम दर्शन और उनका भाषण सुनने का अवसर मिला था। तब मैं उनके भाषण को बहुत समझ नहीं पाया—'नहीं समझौ तस, बालपन, हौं अति रह्यौ अचेत।' धीरे-धीरे जब संघ को ठीक से समझने लगा तो आगे चलकर उनके भाषण की महत्ता भी समझने लगा। प्रतिबन्ध बाद श्री गुरूजी में, उनकी वाणी और विचार में कोई अन्तर नहीं आया था, अपितु अधिक दृढ़ता और संघ कार्य की सफलता का असीम आत्मविश्वास झलकता था। एक बार प्रयाग विश्वविद्यालय के अंग्रेज़ी के प्रो. प्रकाशचन्द्र गुप्त (पी.सी.गुप्त) के घर उनके एक सहपाठी प्रिन्सिपल श्री सकलदीप सिंह के साथ गया था। उन्होंने मेरा परिचय देते हुए बताया कि यह संघ का स्वयंसेवक है। डॉ. गुप्त ने कहा : प्रतिबन्ध हटने के बाद उनकी सभा कम्पनी बाग में हुई। मैं उन्हें सुन रहा था। अपार भीड़ में स्पष्ट शब्दों में वही हिन्दू राष्ट्र और हिन्दू संगठन की बात उतनी ही दृढ़ता से उन्होंने कहा। आज लोग समय-काल देखकर बोलते हैं, पर उनकी यह सैद्धान्तिक स्पष्टता देखकर मैं प्रसन्न हुआ। भले ही मैं उन सिद्धान्तों से सहमत नहीं हूँ।' प्रतिबन्ध हटाने की शर्त में सभी को संघ का द्वार खोलने या कांग्रेस युवा संगठन के कार्य को करने की बातों को उन्होंने स्पष्टतः अस्वीकार कर दिया। द्वार खोलने के प्रश्न पर कहा कि द्वार

बन्द कहाँ है। जो भी भारत को मातृभूमि और पितृभूमि माने वही हमारी परिभाषा में हिन्दू है। इसमें रोक कहाँ है। कांग्रेस या किसी राजनीतिक दल में जाने का प्रश्न ही नहीं।

भारत के लोकतन्त्र के प्रथम सामान्य निर्वाचन के समय दिल्ली के संघ प्रचारक के साथ डॉ. श्यामाप्रसाद ने गुरूजी से जब नागपुर में मिलकर यह प्रस्ताव रखा कि संघ को एक राजनीतिक दल का रूप दे दिया जाय, तो उन्होंने दो-टूक उत्तर दिया कि कदापि नहीं। साथ में जोड़ा कि 'डॉ. हेडगेवार ने मुझे संघ की बागडोर दी थी, संघकार्य को आगे बढ़ाने के लिए, न कि संघ को समाप्त करने के लिए।' वे लौट गये। फिर कुछ दिन बाद आकर प्रस्ताव रखा कि हम नये दल का गठन करें और उसमें भारतीयता की प्रधानता हो तो संघ सहायता कर सकता है।' उन्होंने कहा कि संघ का स्वयंसेवक अपने विचारों से मिलते दल को मत देगा और समर्थन करेगा। उन्होंने नये संगठन के लिए संघ के कुछ कार्यकर्त्ताओं की माँग की तो पं. दीनदयाल उपाध्याय, मा. नानाजी देशमुख और अटलबिहारी वाजपेयी को उन्हें दिया। पर गुरूजी ने सदैव नये दल 'भारतीय जन संघ' से अपने को दूर रखा और अपने इस कथन को चरितार्थ किया कि 'मैं राजनीति को चमचे से भी स्पर्श नहीं करता।' कभी जनसंघ के आन्तरिक मसलों में न उन्होंने हस्तक्षेप किया और न उनके कार्य में संलिप्तता रखी। हाँ, मूलभूत सिद्धान्तों का मार्ग-दर्शन वे संघ की बैठकों में या किसी राजनीतिक नेता के पूछने पर कर देते थे।

एक बार काशी में एक बड़े कार्यक्रम के बाद कुछ प्रमुख कार्यकर्त्ताओं के साथ श्री गुरूजी सिद्धबाग सरस्वती शिशुमन्दिर के कक्ष में चाय पर बैठे थे। भारतीय मजदूर संघ के प्रदेश प्रभारी रामनरेश सिंह 'भाईजी' ने कहा कि 'हमने अपनी सदस्यता काफी बढ़ा ली है। हमने कई मिलों में हड़ताल करायी और मिलमालिकों से अपनी माँगें मनवायीं। गुरूजी, हम हड़ताल द्वारा 'कलेक्टिव बारगेनिंग' करते हैं?' गुरूजी ने कहा तब तो भारतीय मजदूर संघ का काम बन्द करना होगा। देखो 'जापान के मजदूर हड़ताल करते हैं, तो हड़ताल समाप्त होने पर वे अधिक काम करके हड़ताल के समय की क्षतिपूर्ति करते हैं और हड़ताल

के समय का पूरा वेतन लेते हैं। यहाँ तुम लोग हड़ताल का वेतन तो लोगे पर काम नहीं करोगे। इतनी अधिक सैद्धान्तिक दृष्टि उनकी थी। सिद्धान्त के सम्मुख लाभ-हानि का प्रश्न नहीं विचार करते थे। जनसंघ को भी यह दिशा वे देते रहे।

ख्याति के शिखर पर पहुँचे गुरूजी में अहंकार छू भी नहीं गया था। चूँकि वे स्वयं और संघ छुआछूत नहीं मानता, अत: स्वामी करपात्री सबसे नाराज रहते थे। उन्होंने कहा कि गोलवलकर इस विषय पर मुझसे शास्त्रार्थ करें। गुरूजी ने कहा : 'महाराज, आपसे मैं क्या शास्त्रार्थ करूँ। मैं तो आपका सिपाही हूँ। शास्त्र के ज्ञाता आप हैं। हम और हमारा संगठन उसी शास्त्र की रक्षा करने का सैन्यबल है।' इसी प्रकार एक कार्यक्रम में पूर्व राजा भंजदेव जी अध्यक्षता करनेवाले थे, पर उन्हें विलम्ब हो गया और गुरूजी ठीक समय से पहुँच गये। कार्यक्रम प्रारम्भ हो गया। तब तक भंजदेव जी आते हुए दिखे। गुरूजी मंच से उतर गये और द्रुत गति से उनके पास पहुँचे और झुककर उन्हें प्रणाम किया और मंच पर लाकर आसीन किया। प्रयाग में संघ के ग्रीष्म शिविर में रात्रि के अनौपचारिक कार्यक्रम में प्रभुदत्त ब्रह्मचारी जी का प्रवचन रखा गया था। ब्रह्मचारी जी आ गये और बाद में गुरूजी आये तो उन्हें देखकर ब्रह्मचारी जी अपने आसन से उठकर आगे बढ़े। दोनों में एक-दूसरे का पैर छूने की होड़-सी हो गयी पर गुरु जी स्फूर्ति से आगे बढ़े, ब्रह्मचारी जी पिछड़ गये—गुरूजी ने उनका चरण स्पर्श किया और ब्रह्मचारी जी ने उन्हें अपनी बाँहों में कसकर सीने से लगा लिया। इन प्रसंगों से उनकी निरहंकारिता की झलक मिलती है। बड़ों के प्रति सदैव सम्मानसूचक शब्दों का प्रयोग उनके स्वभाव में था। अपने भाषणों में जब भी गाँधीजी का नाम आया, वे बोलते थे 'पूज्य महात्मा जी' और पं. जवाहरलाल नेहरू के लिए कहते थे 'आदरणीय पं. नेहरू जी'। कभी इनका नाम लेकर सम्बोधन नहीं किया।

आजमगढ़, गाजीपुर, बलिया के विभाग कार्यवाह के रूप में मुझे गुरूजी की बैठकों में रहने का अवसर मिला था। वे वृत्त-संकलन करते और कुछ प्रश्न पूछते थे। नये लोगों को लगता था कि इसमें वे क्या पता

करते हैं! उनके सहज प्रश्नों में कितनी गम्भीर बातें होती थीं, इसका अनुमान एक प्रसंग से करा रहा हूँ। लखनऊ में एक विशाल त्रिदिवसीय शिविर लगाया गया था, जिसमें केवल गणवेशधारी कार्यकर्त्ता आने थे। हम लोगों की बैठक में वे एक प्रश्न पूछते थे : 'क्या सभी लोग' अपना गणवेश लाये हैं या कुछ ने दूसरों से माँगकर उसे पूरा किया है? प्राय: उत्तर होता था, 'कुछ माँगकर भी पूरा किये हैं।' प्रतिप्रश्न होता—'तो यहाँ से जाने पर उसका वेश लौटा देंगे न!' उत्तर होता—'हाँ'। करीब बीस लोगों के बाद मुझसे यही प्रश्न हुआ। मैंने स्वीकार किया कि कुछ माँगकर लाये हैं। पर दूसरे प्रश्न का उत्तर मैंने दिया—'वापस करना आवश्यक नहीं है। चाहे तो वापस करें या न करें।' कड़ककर उन्होंने पूछा—'क्यों?' मैंने कहा कि 'जिनका माँगकर लाये हैं, उन्हें इसकी अपेक्षा नहीं है कि उनका वेश वापस किया जाये।' इस पर ठहाकर हँसते हुए उन्होंने रज्जू भैया से कहा कि रज्जू भैया! तुम्हारा यह कार्यकर्त्ता चालाक है। फिर यह प्रश्न किसी से न करते हुए, उन्होंने उस प्रश्न का मर्म बताया कि जिसके पास पूर्व गणवेश है, उसे ही यहाँ आना था। जो नहीं आये, वह अब सक्रिय नहीं है, तो वेश वापस करने का आग्रह नहीं करेगा। किसी परिस्थिति-विशेषवश यदि कोई नहीं आया, तो बात अलग है। ऐसे साधारण प्रश्नों से वे बड़ी बारीकी से कार्य की स्थिति का अन्दाज लगा लिया करते थे।

आजमगढ़ के चण्डेसर स्थान पर दुर्गा जी महाविद्यालय के छात्रावास के पास संघ का त्रिदिवसीय शिविर लगा था। उसमें गुरूजी को आना था। उधर दीनदयाल जी की हत्या करके मुगलसराय स्टेशन के सिगनल के पास उनके शरीर को फेंक दिया गया था। यह समाचार जब जौनपुर में मिला तो आजमगढ़ का कार्यक्रम स्थगित करके वे मुगलसराय चले गये। दूसरे दिन उनका आगमन हुआ। उन्होंने अपने भाषण में उस प्रसंग का जिक्र तक नहीं किया, यद्यपि उनके चेहरे पर गम्भीर उदासी की स्पष्ट झलक थी। 'अब जो आगे है। उसे देखना है' यही उनका सिद्धान्त था। उस शिविर में उस कॉलेज के प्रबन्धक चन्द्रबली ब्रह्मचारी मिलने के लिए आये तो सुन्दर कप में उनके लिए चाय और सभी के लिए चाय

आयी। ब्रह्मचारी जी ने कहा—'मैं कप-प्लेट में चाय नहीं पीता।' उनके लिए कुल्हड़ आया, पर गुरूजी ने कहा कि इसमें चाय पीने में दोष नहीं है, क्योंकि इस चीनी मिट्टी के पात्र पर जो पालिश की गयी है, उससे इसमें मिट्टीपन नहीं रहा। इससे जाहिर था कि गुरूजी धार्मिक आध्यात्मिक थे, पर तर्कसंगत परम्पराओं के पक्षधर थे। ब्रह्मचारी जी के आग्रह पर उन्होंने दुर्गा मन्दिर में प्रस्थान करते समय आने का वचन दिया। मन्दिर में दुर्गासप्ती के अर्गलास्तोत्र का ब्राह्मणों ने पाठ किया। जब उन लोगों ने सस्वर कहना प्रारम्भ किया : 'पत्नी मनोरमा...'। गुरूजी ने कड़ककर कहा—रुकिये! सभी स्तम्भित थे। फिर कहा कि यह पंक्ति मेरे लिये नहीं है। इसे छोड़कर आगे बढ़िये! इतनी सतर्क दृष्टि उनकी थी कि अनुपयुक्त और अनुचित को रोकना अपना धर्म समझते थे।

डॉ. हेडगेवार की स्मृति को अक्षुण्ण बनाने के लिए नागपुर के रेशम बाग में एक लघु किन्तु भव्य स्मृति मन्दिर का निर्माण हुआ। उसमें श्री गुरु जी ने बहुत भावुक ढंग से स्वयंसेवक के चरित्रवान् होने का सन्देश दिया। उन्होंने कहा कि "हम राष्ट्रदेवता के चरणों में अपना जीवन-पुष्प अर्पित करते हैं, पर पतित पुष्प नहीं चढ़ाते। इस राष्ट्रदेवता के ऊपर चुन-चुनकर पवित्र पुष्प हम चढ़ाते हैं। अशुद्ध और अपवित्र नहीं।

इस राष्ट्रदेवता को अपना जीवन अर्पण करनेवाले स्वयंसेवकों को भी शुद्ध और पवित्र आचरण का होना अनिवार्य है। तभी राष्ट्रदेवता उनका अर्पण स्वीकार करेगा।" ये शब्द नहीं थे, बल्कि उनका एक सन्देश था कि आदर्श स्वयंसेवक वही है जो चरित्रवान् हो। इस बात पर गुरूजी बराबर जोर देते थे।

एक वर्ष प्रयाग के चौ. महादेव प्रसाद कॉलेज में संघ का ग्रीष्म शिविर लगा था। उस समय वे कैन्सर की पीड़ा से त्रस्त थे, पर पाँच दिन वे कार्यक्रम में रहे। मैं वर्ग का बौद्धिक प्रमुख था और मा. अशोक सिंघल मेरे मार्गदर्शक थे—बौद्धिक विभाग में डॉ. सत्यव्रत जो अपने स्वयंसेवक ही थे, उनके निमन्त्रण पर एक दिन महादेवी वर्मा आयी थीं और श्रीनरेश मेहता पाँचों दिन आये थे। गुरूजी उस कैन्सर की पीड़ा में

भी पूरा व्याख्यान और बैठक लेते रहे। एकाध बार हाथ ऊपर खींचते हुए हल्की 'आह' लेते। इतना समर्पण कि जब तक जीना काम करना। श्री गुरूजी के कैन्सर रोग का उपचार मुम्बई के प्रसिद्ध कैन्सर अस्पताल में हुआ था और तात्कालिक रूप से उन्हें लाभ भी हो गया था। पर पुनः उसकी पीड़ा प्रारम्भ हो गयी। उन्हें लगा कि अब जीवन के कुछ दिवस ही शेष हैं। ऐसे में उन्होंने देशभर के विभाग स्तर से ऊपर के कार्यकर्त्ताओं को एक साथ मिलने का मन बनाया और थाणे में श्री अठवले जी महाराज के आश्रम पर हजारों कार्यकर्त्ताओं का सम्मेलन बुलाया गया। उसमें प्रथम दिवस उद्घाटन के अवसर पर स्वामी अठवले जी का गीता के कर्मयोग पर व्याख्यान हुआ। व्याख्यान अंग्रेज़ी भाषा में हुआ। उसके उपरान्त गुरूजी का भाषण उसी विषय पर अंग्रेज़ी में हुआ। मैंने पहली बार उनके अंग्रेज़ी भाषण को सुना। बड़ी सरल प्रवाहयुक्त, बोधगम्य अंग्रेज़ी में गीता के कर्मयोग में वह फल की चिन्ता न करके अपने निहित कर्म को करता है, यदि कर्म करने पर भी सफलता नहीं मिलती तो उसे सोचना चाहिए कि उसके कार्य में ही कोई दोष है। यत्ने कृते यदि न सिध्यति कोऽत्र दोषः' की व्याख्या दिया, जिसे संघकार्य के साथ जोड़कर बताया कि संघ कार्यकर्त्ता भी कर्मयोगी होता है, वह फल की चिन्ता न करके अपने निहित कर्म को करता है, यदि कर्म करने पर भी सफलता नहीं मिलती तो किसका दोष की व्याख्या वे इस प्रकार करते थे कि यत्न करने पर सफलता नहीं मिलती तो कोई दोष या कमी तन्त्र या कर्म में ही है। इस सम्मेलन में दिन में दो सत्रों में कार्यकर्त्ता प्रश्न करते और गुरूजी समाधान करते। गुरूजी ने स्वयं विषय रखा था कि 1925 ई. में संघ स्थापना के बाद लम्बा समय बीत गया अब आप लोग बतायें कि क्या संघ के मूल-सिद्धान्त और कार्य-पद्धति में किसी परिवर्तन की आवश्यकता है? इस पर गम्भीरता से चिन्तनपूर्वक हम विचार करें, यही इस सम्मेलन का लक्ष्य है। किसी ने रात्रि में एकत्रीकरण का सुझाव रखा। इस पर उनका कहना था कि आज भी इस पर रोक कहाँ है? हमारी हिन्दू की परिभाषा बड़ी व्यापक है 'जो भी भारतीय भूमि को अपनी मातृभूमि और पितृभूमि मानता है, वह हमारी

परिभाषा में हिन्दू है। यह शब्द धर्म-सम्प्रदाय बोधक न होकर संस्कृति बोधक और जीवन-पद्धति बोधक है। कुछ लोगों से संघ की शाखा के रूप में परिवर्तन का सुझाव भी आया। उन्होंने कहा कि मूल रूप से शाखा स्वरूप तो वही रहे, पर ऐसी शाखाओं को भी चलाने पर रोक कहाँ है! अपनी क्षेत्रीय आवश्यकता को देखते हुए हम ऐसा भी कर सकते हैं। दिनभर के सुझाव, प्रश्न, विमर्श के पश्चात रात्रि में वे खड़े होकर एक घण्टे का समाधानमूलक भाषण देते थे। सभी कार्यकर्त्ता उन समाधानों से सन्तुष्ट होते। उन्होंने बताया कि इन पाँच दिनों के विमर्श से यह तय है कि संघ का सिद्धान्त और कार्यपद्धति वही रहेगी। अपने अन्तिम दिन को निकट देखते हुए, यह उनका अन्तिम सन्देश था।

1973 में मई-जून कानपुर के सनातन धर्म कॉलेज में संघ का एक माह ग्रीष्मकालीन वर्ग लगा। मा. श्रीकृष्ण भिड़ेजी प्रान्त प्रचारक थे। मैं वर्ग कार्यवाह था। कार्यक्रम सुचारु रूप से चल रहा था कि एक रात्रि में गुरूजी के पार्थिव शरीर छोड़ने का समाचार अधिकारियों के पास आया। संघ एक बड़ी शक्ति बनकर उभर चुका था, पर इस अभाव से हम सभी तो चिन्तित थे ही। हमारे विरोधी भी समझ रहे थे कि अब संघ टूट जायेगा। गुरूजी ने उत्तराधिकारी सरसंघचालक मा. मधुकर दत्तात्रेय देवरस को अपनी वसीयत लिखकर बना दिया था। मुझे तो रुलायी आती नहीं, पिता की मृत्यु पर मैं नहीं रोया, जिनको मैं बहुत आदर और सम्मान देता था, पर आज रात भर मुझे नींद नहीं आयी। आँसुओं का प्रवाह कहाँ से बह निकला कि रोते-रोते मेरा तकिया भींग गया। प्रात:कालीन परेड के समय सूचना दी गयी इस दु:खद कारुणिक समाचार की और प्रार्थना प्रारम्भ हुई। अद्‌भुत था, वह दृश्य कि प्रार्थना की अस्फुट पंक्तियों के साथ केवल हिचकियाँ सुनायी पड़ रही थीं। शायद किसी अन्य महापुरुष के निधन पर ऐसा सामूहिक रुदन यदा-कदा ही होता है। लोग कहते थे गोलवलकर संघ के अधिनायक हैं, तानाशाह हैं पर आज के इस दृश्य ने सिद्ध कर दिया कि स्वयंसेवक उनको पुत्रवत् प्रिय थे और उन पुत्रों के हृदय पर उनका स्नेहिल आधिपत्य था।

ऐसी विभूति का उठना, राष्ट्र की एक थाती का उठ जाना था। 'भारत' के सम्पादक डॉ. मुकुन्द देव शर्मा ने अपने पत्र में उनके निधन के पूर्व सात किस्तों में 'बेनी माधव शर्मा' के नाम लेख लिखकर उनके व्यक्तित्व की गरिमा को बखाना था और भारत सरकार से उन्हें राष्ट्रीय निधि समझकर उनके उपचार हेतु आग्रह किया था। सबने उनके उपचार में कोई कसर नहीं रखी, पर समय-काल की गति को कौन रोक सकता है—'जातस्य हि ध्रुवो मृत्युः।'

पं. दीनदयाल उपाध्याय

पं. दीनदयाल उपाध्याय एक अत्यन्त उर्वर मस्तिष्क के साथ ही बहुआयामी व्यक्तित्व के धनी थे। वे राष्ट्रीय स्वयंसेवक संघ के निष्ठावान् स्वयंसेवक, कुशल पत्र-सम्पादक, व्यवस्थापक और मुद्रक के सारे कार्य चलाने की क्षमता से सम्पन्न, सिद्धान्तवादी राजनीति के पुरोधा, सरल, सहज और सौम्य व्यक्तित्व के धनी थे। उनके दर्शन के पहले ही मैंने उनके बारे में एक अपने सहपाठी की प्रशंसात्मक टिप्पणी सुनी, जो संघ के प्राथमिक प्रशिक्षण शिविर में दीनदयाल जी का भाषण सुनकर अत्यन्त प्रभावित थे, तब तक मैंने यह नाम सुना ही नहीं था। बाद में संघ-शिक्षा-वर्ग में उनके कई व्याख्यान सुने। छोटे-छोटे विषयों पर बड़े तर्कपूर्ण व्याख्यात्मक ढंग से वे सिलसिलेवार बातें करते थे। उस समय संघ में उत्तर प्रदेश के प्रचारक भाऊ राव देवरस, रज्जू भैया, दीनदयाल जी और अटल जी अच्छे वक्ताओं में थे, किन्तु सबकी शैली अलग थी। भाऊ राव गम्भीरता से विषय का प्रतिपादित करते थे। रज्जू भैया एक कुशल अध्यापक की तरह बिन्दुवार विषय स्पष्ट करते हुए निष्कर्ष तक ले जाते थे। अटलजी अच्छी लच्छेदार भाषा में वीररसपूर्ण व्याख्यान देते थे और दीनदयाल उपाध्याय एक दार्शनिक की तरह गम्भीर विषय को सुगम और सुपाच्य बनाकर प्रस्तुत करते थे।

सन् 1960 के दशक के प्रारम्भ में डॉ. श्यामाप्रसाद मुखर्जी ने भारतीय जनसघ नाम के एक राजनैतिक संगठन का गठन किया और संघ के सरसंघचालक श्री गुरूजी से अपने संगठन के लिए कुछ अच्छे कार्यकर्त्ताओं की माँग की। उन्होंने पहला नाम दीनदयाल उपाध्याय का

सुझाया और वे संगठन के महामन्त्री बनाये गये। नानाजी देशमुख, अटलबिहारी वाजपेयी तथा और भी कार्यकर्त्ता राजनीति के क्षेत्र में भेजे गये। किन्तु दीनदयाल उपाध्याय भारतीय जनसंघ की केन्द्रीय धुरी थे। डॉ. मुखर्जी का बड़ा नाम था और बुद्धिजीवी मानस पर बड़ा प्रभाव भी था। किन्तु संगठन के नीतिकार और रणनीतिकार दोनों ही दीनदयाल उपाध्याय थे। डॉ. मुखर्जी कहते भी थे, यदि दीनदयाल जैसे दस कार्यकर्त्ता मुझे मिल जायँ, तो मैं भारत की राजनीति की कायापलट कर सकता हूँ। दीनदयाल जी ने जनसंघ के दार्शनिक आधार के रूप में एकात्म-मानववाद की प्रतिष्ठा की और उस पर पुस्तक लिखी। ग्राम और ग्रामीण अर्थव्यवस्था को भारत के महत्त्व का कारक बताया। लोहियाजी ने जब मूल्य बाँधों का नारा दिया, तो दीनदयालजी ने मूल्य-नियन्त्रण के लिए उपभोग पर नियन्त्रण की बात की। इस पर उन्होंने अपने राजनैतिक दल के लिए अर्थव्यवस्था, समाजव्यवस्था और राजनीतिक व्यवस्था के आधारभूत चिन्तन की भूमिका बनायी।

दीनदयाल जी को निकट से देखने और परखने का दो-तीन बार मुझे अवसर मिला था। प्रारम्भिक दौर में एक बार जब वे आजमगढ़ के दौरे पर आये तो उनके रुकने की व्यवस्था द्वारिका प्रसाद अग्रवाल के निवास पर की गयी। दीनदयाल जी गोरखपुर से बस द्वारा आजमगढ़ आये और यहाँ जनसंघ के पदाधिकारियों ने रिक्शे पर बैठाकर उन्हें द्वारिका जी के घर पहुँचाया। मैंने उनसे कहा, दीनदयाल जी मुँह-हाथ धो लीजिये तब तक मैं ऊपर से चाय ले आता हूँ। उन्होंने कहा कि नहीं, पहले एक काम करो। उन्होंने अपने कैनवस के झोले से एक गमछा निकाला और उसे लपेटकर अपनी धोती मुझे देते हुए कहा कि इसको साबुन लगाकर धुल दो और धूप में डाल दो, क्योंकि एक ही धोती है, यही पहनकर शाम की सार्वजनिक सभा में जाना है। कुर्ता तो थोड़ा गहरे रंग का पहनते थे, जो कि दो-तीन दिन तक कम-से-कम चल ही जाता था। एक राष्ट्रीय दल के महामन्त्री के पद पर बैठा एक व्यक्ति ऐसा संन्यासी जैसा जीवन व्यतीत करता है, इसकी तो मैं कल्पना भी नहीं कर सकता था। ऐसे ही हजारों-हजारों कार्यकर्त्ताओं के खून और पसीने का परिणाम है कि आज

संघ और भाजपा का परचम देश में ही नहीं, दुनिया भर में फहरा रहा है। दूसरी बार मैंने संगठन के प्रति अहंकारशून्य निष्ठा का दर्शन कानपुर में आयोजित जनसंघ के राष्ट्रीय अधिवेशन में किया। उस समय अन्य कार्यक्रम के अतिरिक्त अन्तिम दिन एक भव्य शोभा-यात्रा निकली, जिसमें भारत के सभी प्रान्तों के लोग अपनी वेश-भूषा, अपने वाद्य के साथ क्रमश: अलग-अलग टोलियों में चल रहे थे। निश्चय ही इस ऐतिहासिक शोभा-यात्रा को देखने के लिए सड़कों और छतों पर लोगों का मजमा तो लगा ही था, शोभा-यात्रा में सम्मिलित कुछ कार्यकर्त्ता भी बाहर निकलकर इस भव्य भारत के विशाल रूप के दर्शन का लोभ संवरण नहीं कर सके थे। दीनदयाल जी सामने चलनेवाले रथ पर नहीं थे, उस पर अध्यक्ष पीताम्बरदास आदि कुछ लोग थे। वे एक साइकिल लेकर उस शोभा-यात्रा के बगल में चल रहे थे, और जो कार्यकर्त्ता तमाशा देख रहे थे, उन्हें डाँटते हुए अपनी-अपनी टोलियों में चलने का निर्देश दे रहे थे। अन्त में उन्होंने अपने सारगर्भित भाषण में इस प्रसंग पर मार्मिक व्याख्यान देते हुए कहा कि हम कार्यकर्त्ताओं का काम इतिहास बनाना है, इतिहास देखने का काम हमारा नहीं है। इस प्रकार की अहंकारशून्यता, प्रदर्शन से सर्वथा विरक्ति, आत्म-भाव को समाज-भाव में परिवर्तित करनेवाले कार्यकर्त्ता दीनदयाल उपाध्याय थे और जब डॉक्टर राममनोहर लोहिया की पहल पर उपचुनाव में तीन सीटों पर अलग-अलग दलों के तीन प्रत्याशी खड़ा करके चुनाव लड़ने का निर्णय हुआ था, दीनदयाल उपाध्याय का चुनाव जौनपुर के संसदीय निर्वाचन-क्षेत्र से लड़ना तय हुआ। उस चुनाव में दीनदयाल जी जौनपुर तो रहे, सभाओं में भाषण करने भी जाते थे, लेकिन उस समय भी वे समय निकालकर अपने अध्ययन का काम जारी रखते थे। मैं उस चुनाव में बजरंगनगर, डोभी आदि के क्षेत्र में प्रचार में लगाया गया था। एक दिन किसी काम से जौनपुर के केन्द्रीय कार्यालय में जाना हुआ तो दीनदयाल जी ने किसी कार्यकर्त्ता को, जो दिल्ली जा रहा था, चार-पाँच पुस्तकें नोट करायीं, जो भारतीय संविधान से सम्बन्धित थीं, उन्हें लाने के लिए कहा।

मैंने सोचा अद्‌भुत व्यक्तित्व है, इस महान् पुरुष का, जो चुनाव की आपा-धापी और भाग-दौड़ में, तटस्थ रहकर अपना अध्ययन जारी किये हुए हैं। चुनाव परिणाम प्रतिकूल रहा और स्थानीय नेता राजदेव सिंह चुनाव जीत गये। चुनाव परिणाम आने के बाद दीनदयाल जी सीधे राजदेव सिंह के घर पहुँचे और उन्हें जीत की बधाई दी। लोकमत का ऐसा लोकतान्त्रिक सम्मान बहुत कम लोगों में देखा जाता है। उसके पश्चात् उन्होंने कार्यकर्त्ताओं से कहा कि टाउन हाल के मैदान में एक सार्वजनिक सभा का आयोजन किया जाये जिसमें मैं अपने मतदाताओं को बधाई दूँगा और अपने दल की रीति-नीति पर चलते रहने का सन्देश देकर दूसरे दिन प्रात: काल जौनपुर से वापस लौटूँगा।

कुछ दिनों के बाद जनसंघ का राष्ट्रीय अधिवेशन दक्षिण भारत के कालीकट नगर में आयोजित हुआ और उसमें दीनदयाल जी को राष्ट्रीय अध्यक्ष बनाया गया। यह अधिवेशन अब तक का सबसे बड़ा अधिवेशन था। दीनदयाल जी जैसे निस्पृह और परिपक्व नेतृत्व में जनसंघ के उभार के संकेत मिलने लगे थे, जिससे अन्य राजनीतिक दल विशेषत: कम्युनिस्ट पार्टी दहशत खाने लगी। कुछ ही दिनों के बाद ट्रेन से यात्रा कर रहे दीनदयाल जी की कुछ अज्ञात लोगों ने हत्या कर दी, और उनके शव का मुगलसराय स्टेशन के सिग्नल के पास फेंक दिया। इस हत्या की गुत्थी तो सुलझी नहीं, किन्तु प्रबल सन्देह इस बात का था कि राजनीतिक कारणों से भाजपा के किसी धुर विरोधी दल की साजिश का यह परिणाम था। इस घटना से सारे देश में कोहराम मच गया।

उसी समय आजमगढ़ के चण्डेश्वर में संघ का तीन दिवसीय शीत-शिविर चल रहा था और शिविर में दूसरे दिन श्री गुरूजी का आगमन होनेवाला था, लेकिन वह जौनपुर के कार्यक्रम के पश्चात् सीधे मुगलसराय पहुँचे। किंकर्त्तव्यविमूढ़ कार्यकर्त्ताओं को संयम और धैर्य से कार्य लेने का सन्देश दिया। दूसरे दिन वे आजमगढ़ के शिविर में पहुँचे और दीनदयाल जी के निधन की पीड़ा उनके चेहरे पर साफ-साफ झलक रही थी। इस प्रकार एक ऐसे महापुरुष का दु:खद अन्त हो गया। जो अभी दल, देश और समाज को बहुत दे सकता था। थाणे के

महासम्मेलन में गुरूजी ने दीनदयाल जी के बारे में इतना ही कहा था कि उनके रहने से मैं जनसंघ की रीति-नीति और गति-प्रगति के प्रति निश्चिन्त रहता था।' आज पूरे भारत में भारतीय जनता पार्टी का बोलबाला है, इसके पीछे उन्हीं के खून और पसीने की थाती है। आज जब भाजपा केन्द्र और अनेक प्रान्तों में सत्ता में है, तो मुझे उन्हीं की भाषण की एक कहानी स्मरण आती है कि लैला के प्रेमी मजनूँ जो तड़पकर सूख रहा था, लैला उसको कटोरा का दूध भेजती पर एक नकली मजनूँ दूध पी जाता था। संगठन के खूनवाले मजनूँ और दूधवाले मजनूँ की पहचान करते रहना चाहिए।

प्रो. राजेन्द्र सिंह 'रज्जू भैया'

राष्ट्रीय स्वयंसेवक संघ के चौथे सर संघचालक प्रो. राजेन्द्र सिंह को बाला साहब देवरस ने अपने उत्तराधिकारी के रूप में नामांकित किया था। रज्जू भैया में हर प्रकार से संघ के प्रमुख के रूप में नेतृत्व करने के गुण विद्यमान थे। वे उत्तर प्रदेश के मुख्य अभियन्ता कुँवर बलवीर सिंह और माता श्रीमती अनन्दा देवी के प्रथम पुत्र थे और इनके दूसरे छोटे भाई यतीन्द्र सिंह भारतीय सिविल सेवा के अधिकारी थे। वैसे तो ये मूलत: बुलन्दशहर जिले के रहनेवाले थे, किन्तु इनका परिवार इलाहाबाद में बस गया था। भौतिकी विषय से एम.एस-सी. करने के बाद रज्जू भैया प्रयाग विश्वविद्यालय में प्राध्यापक नियुक्त हुए वे इतने प्रतिभाशाली थे, कि इनकी प्रायोगिक परीक्षा के लिए प्रसिद्ध वैज्ञानिक सी.वी.रमन आये थे, और उन्होंने इनकी प्रतिभा और प्रयोग के लिए कुशल हाथों का हुनर देखकर विभागाध्यक्ष एवं कुलपति से कहा था, कि इन्हें हमें दे दें, एक दिन यह बहुत बड़ा वैज्ञानिक होगा और मैं इसे अपने प्रयोगशाला में ले जाऊँगा। किन्तु इनकी तो ईश्वरीय व्यवस्था दूसरी ही थी, और ये अध्यापन के साथ-साथ राष्ट्रीय स्वयंसेवक संघ से जुड़ गये। एक सक्रिय कार्यकर्त्ता के रूप में अपने शिक्षण के साथ-साथ संघ का कार्य भी करने लगे।

माता-पिता इन्हें प्यार से 'रज्जू भैया' कहते थे, और यही नाम विश्वविद्यालय के अध्यापकों और विद्यार्थियों में भी प्रचलित हो गया और संघ के स्वयंसेवकों ने भी इसी नाम को अपना लिया। प्रयाग विश्वविद्यालय में 1955 ई. में जब मैंने हिन्दी एम.ए. में प्रवेश लिया,

तो मैं रज्जू भैया के भी सम्पर्क में आया। वैसे तो मैं आजमगढ़ में भी इनके एक व्याख्यान को सुन चुका था, और उससे बहुत प्रभावित भी था, पर कोई व्यक्तिगत परिचय नहीं था। इलाहाबाद में उस समय इनके विषय के तीन विद्यार्थी संघ के बड़े सक्रिय कार्यकर्त्ता थे, जिसमें मुरली मनोहर जोशी, नरेन्द्र सिंह गौर और बालकृष्ण प्रमुख थे। ये सभी अत्यन्त प्रतिभाशाली थे, और सभी प्रयाग विश्वविद्यालय में प्रवक्ता हुए। रज्जू भैया इतने मधुर स्वभाव के थे, कि विश्वविद्यालय के प्रत्येक कुलपति और सभी अध्यापकों में उनके प्रति स्नेह था। उनकी छवि बहुत अच्छी थी। वे संघ के प्रमुख अधिकारी होते हुए भी विश्वविद्यालयी जीवन के विधि-निषेध का पूरा पालन करते थे। संघ का छात्र संगठन अखिल भारतीय विद्यार्थी परिषद्, छात्र-संघ के चुनावों में भाग लेता था, किन्तु एक अध्यापक और लोकप्रिय अध्यापक होते हुए, रज्जू भैया अपने को उससे पृथक् रखते थे। यही सब कारण थे कि वे विश्वविद्यालय में अजातशत्रु थे।

रज्जू भैया संघ के एक बड़े पदाधिकारी के रूप में प्रतिष्ठित हुए तो अपने संघ कार्य और शिक्षण कार्य दोनों का ठीक-ठाक सन्तुलन बनाकर निर्वाह किया। वे सोमवार से लेकर बृहस्पतिवार तक विश्वविद्यालय की कक्षाएँ लेते थे, और शुक्रवार से रविवार तक तीन दिन प्रदेश के कई जिलों का दौरा करते थे। कभी-कभी ऐसा होता था कि दौरे से लौटकर वे सीधे विश्वविद्यालय जाते थे, क्योंकि अपने झोले में अध्यापन के लिए तैयार की गयी, अपने नोट की कापी भी साथ रखते थे। और इसे देखकर पूरी तन्मयता से शिक्षण कार्य भी करते थे। भौतिकी जैसे दुरूह विषय को भी बहुत सरल ढंग से समझाने की उनकी शैली बड़ी बेजोड़ थी। रज्जू भैया के ऊपर संघ का ऐसा प्रभाव पड़ा कि वे अपने कैरियर का बराबर त्याग करते हुए संघ कार्य को वरीयता देते रहे। पारिवारिक जीवन में भी उनके त्याग का यह स्वरूप झलकता रहता था। उनके पिताजी ने कानपुर रोड पर लाल गिरजाघर के पास एक प्लाट क्लाइव रोड पर खरीदा था। उन्होंने अपने पिताजी से आग्रह करके उस प्लाट का एक बहुत बड़ा हिस्सा हाईकोर्ट के बहुत बड़े एडवोकेट

बीरेन्द्र कुमार चौधरी को दिलाया और वह भी दो सड़कों से जुड़ा हुआ हिस्सा था, और मुख्य सड़क के निकट पड़ता था। रज्जू भैया ने पिताजी को समझाया कि ये एडवोकेट हैं; इनके लिए सामने का प्लाट उपयुक्त रहेगा। मेरे लिये पीछे का ही ठीक है। ऐसी उदारता कम ही देखी जाती है।

मेरे एक चचेरे भाई के हाथ की हड्डी टूट गयी थी, और आजमगढ़ में बहुत उपचार करने के बाद भी हाथ टेड़ा हो गया था, उनका ऑपरेशन किंग जार्ज मेडिकल कॉलेजों में कराने का सुझाव डॉक्टरों ने दिया। उस समय रज्जू भैया के जीजा प्रो.आर.बी. सिंह शल्य–विभाग के प्रोफेसर थे, जो बाद में प्रिन्सिपल भी हुए थे। मैं उनके लिए पत्र लेने के लिए रज्जू भैया के पास गया। साइन्स कॉलेज में उनकी क्लास का समय जानकर विभाग के बाहर प्रतीक्षा कर रहा था कि वे साइकिल से आये और ज्यों ही उतरे मुझसे पूछा कि तुम कैसे आये। मैंने काम बताया और उन्होंने अपने उसी नोट की कापी से एक पन्ना निकाला और साइकिल की सीट पर रखकर उनके नाम एक पत्र दे दिया। उस समय वे कमीज के साथ एक चुस्त पैण्ट पहने हुए थे, जो घोड़े की सवारी करनेवाले पहनते हैं। पैण्ट उनके पिताजी के जवानी के समय का पड़ा हुआ था। मैंने देखा कि वेश–भूषा में इतनी सादगी, साइकिल की सवारी, और मेडिकल कॉलेज के प्रोफेसर को एक सादे पन्ने पर चिट्ठी, न कोई पैड, न कोई लिफाफा। इतने अनौपचारिक और सरल और सहज रज्जू भैया थे। उनके पत्र के कारण जो सुविधाएँ हमें मेडिकल कॉलेज में मिलीं, उनका वर्णन अप्रासंगिक होगा।

उनके पिताजी बड़े लम्बे कद के लहीम–सहीम किन्तु बड़े फुर्तीले व्यक्ति थे, और अपनी जाति के लोगों के प्रति उनका बड़ा स्नेह रहता था। एक बार मैं जब उनके क्लाइव रोडवाले निवास पर मिलने गया था, तो पिताजी बरामदे में बैठे थे, और मेरे पहुँचते ही रज्जू भैया ने उनसे मेरा परिचय कराया। उन्होंने मुझसे पूछा कि आजमगढ़ में अमुक राजपूत जिला जज हैं, उनको जानते हो! मैंने कहा कि पिताजी मैं तो उनको नहीं जानता। उन्होंने कहा तुम कैसे राजपूत हो, जब अपने जिले

के राजपूत जज को नहीं जानते? रज्जू भैया तुरन्त मेरे बचाव में बोल पड़े 'पिताजी, यह तो पढ़ाई के सिलसिले में इलाहाबाद में पड़ा हुआ है, इसलिए आजमगढ़ के बारे में इसे जानकारी नहीं है। रज्जू भैया संघ के स्वयंसेवक के नाते जाति-पाँति नहीं मानते थे, किन्तु माता-पिता का इतना सम्मान करते थे और उनकी भावनाओं का सदैव ध्यान रखते थे। रज्जू भैया ने यह संकल्प किया था कि वे विवाह नहीं करेंगे और अविवाहित रहकर शिक्षण के साथ संघकार्य करेंगे। संघ शिक्षा-वर्ग में रज्जू भैया के पिताजी और माताजी सभी स्वयंसेवकों के लिए कुछ खाने-पीने की चीजें पर्याप्त मात्रा में भरकर टोकरों में भेजते थे। कभी आम, कभी मिठाइयाँ, तो कभी कोई अन्य खाद्य पदार्थ। वे कहते थे, कि रज्जू भैया ने तो विवाह नहीं किया अब ये संघ के स्वयंसेवक ही इनकी सन्तानें हैं। इसीलिए मैं इनके लिए प्रतिवर्ष कुछ-न-कुछ लाता हूँ। यह क्रम जब तक वे जीवित रहे, तब तक चलता रहा।

आपातकाल में रज्जू भैया फरार हो गये थे। उन्हें पुलिस गिरफ्तार नहीं कर सकी, जब कि वे पूरे देश का दौरा करते रहते थे। उस समय वे बुलगैनिन-कट दाढ़ी रख लिये थे और अंग्रेज़ी वेश-भूषा में फेल्ट-हैट लगाकर एक साहब के रूप में रहते थे। एक प्रसंग मुझे झाँसी के एक संघ पदाधिकारी ने बताया, जो रेलवे में कोई अधिकारी थे और पटना में पोस्टेड थे। उनके ही क्वार्टर पर ट्रेन से उतरकर रज्जू भैया को पहुँचना था। किसी तरह से गुप्तचर विभाग को यह सूचना मिल गयी कि रज्जू भैया आनेवाले हैं और पटना रेलवे स्टेशन पर उतरेंगे। पूरा स्टेशन पुलिस से भर गया और एक एस.एस.पी. स्टेशन पर मौजूद थे। स्वयंसेवकों ने जब यह दृश्य देखा तो, पटना के पहले स्टेशन पर पहुँचकर रज्जू भैया को उतरने का आग्रह किया। रज्जू भैया उसी साहबी रौब के साथ स्टेशन पर उतरे। एक पुलिसवाले से पूछा कि तुम्हारा अधिकारी कौन है? उसने एस.एस.पी. की तरफ इशारा किया, तो रज्जू भैया उसके पास गये और कहा कि किसके लिए इतनी तैयारी किये हो! उसने जब बताया, तो उन्होंने उसे डाँटकर कहा कि फरार आदमी को ऐसे कैसे पकड़ोगे? तुम्हें गुप्त रीति से आदमी लगाकर यह काम करना चाहिए। उसने समझा कि यह

कोई बड़ा प्रशासनिक अधिकारी है, और सलूट किया। रज्जू भैया स्टेशन से निकले और टैक्सी करके अपने-गन्तव्य पर पहुँच गये। ऐसे प्रत्युत्पन्नमति के रज्जू भैया थे।

रज्जू भैया का सम्पर्क जिन लोगों से हुआ, वे लोग उनके बहुत निकट आते गये। झूँसी के सन्त प्रभुदत्त ब्रह्मचारी से उनका इतना गहरा नाता था कि वे नेहरू के खिलाफ चुनाव भी लड़े, और कभी-कभी संघ के कार्यक्रमों में धार्मिक प्रवचन भी देते थे। उनसे जब किसी काम का कोई प्रस्ताव करता था, तो वे कहते थे, रज्जू भैया से पूछ लो। इसी प्रकार राजर्षि पुरुषोत्तमदास टण्डन से भी उनका बहुत ही घनिष्ठ सम्बन्ध था और उनके सम्मान में विश्वविद्यालय के साइन्स कॉलेज में उनके अभिनन्दन का एक भव्य कार्यक्रम आयोजित किया था। उसमें टण्डन जी इतने भावुक हो गये कि उन्होंने अपने भाषण में कहा, 'दैहिक-दैविक भौतिक तापा, राम-राज्य काहू नहिं ब्यापा'। पर आज कांग्रेस के राज में ये तीनों ताप व्याप्त हैं। मैं तो बूढ़ा हो गया हूँ, अब यही इच्छा है, कि तिरंगे में ही लिपटकर मेरे शव का अन्तिम संस्कार हो। एक बार संघ की विशाल रैली प्रयाग में संगम के मैदान पर आयोजित हुई थी। उसकी अध्यक्षता के लिए उन्होंने विश्वविद्यालय के कुलपति प्रो. दक्षिणानन्द भट्टाचार्य की स्वीकृति ले ली थी, और कार्ड भी छप गया था, लेकिन बाद में लोगों के डराने पर उन्होंने रज्जू भैया को बुलाकर अपनी असमर्थता व्यक्त की। वैसे भी इस समय ऐसे पदों पर बैठा हर कोई व्यक्ति संघ के कार्यक्रम की अध्यक्षता करने से डरता था। यह केवल रज्जू भैया के शील के प्रभाव से उन्होंने स्वीकृति दे दी थी। उस रैली की अध्यक्षता गुरुदत्त सिंह ने की और बाबा साहब आप्टे मुख्य वक्ता थे। संघ का कार्य करते हुए प्रान्त प्रचारक, फिर दो प्रान्त के प्रचारक, सह सरकार्य और सरकार्यवाह के पदों पर रहते हुए अन्तत: जब वे सरसंघचालक बने, तो उन्हें पारकिन्शन की बीमारी हो गयी थी, जिसके कारण कई बार शरीर का सन्तुलन नहीं रहता था। एक बार पूना में बाथरूम में गिर गये थे, तो हड्डियों का फ्रैक्चर हो गया था, बड़ी मुश्किल से वह ठीक हुआ। फिर भी वे बराबर दौरा करते रहते थे। शरीर

की यह गति होने के बाद भी उनका मस्तिष्क सही सलामत रहा। डॉक्टरों की बन्दिश के बाद भी वे कार्यक्रमों में जाते और लोगों से मिलते रहते। एक बार वे प्रयाग में आये और चौधरी वीरेन्द्र कुमार के घर पर रुके हुए थे। दोपहर में मैं मिलने गया था। द्वार पर खड़े स्वयंसेवक ने रोक दिया और कहा कि रज्जू भैया के भोजन का समय हो गया है, लेकिन अभी लोग हट नहीं रहे हैं। मैंने उससे कहा कि वे लोग तुमसे नहीं हटेंगे, मैं जा रहा हूँ, उन्हें हटा दूँगा। उस समय वे तत्कालीन भौतिकी विभाग के विभागाध्यक्ष, प्रो. गोपालजी श्रीवास्तव से बातें कर रहे थे, जो आजमगढ़ के रहनेवाले थे और वे मेरे विश्वविद्यालय जीवन की कई बातें उन्हें बताने लगे। मैं दंग रह गया। मैंने सभी लोगों से कहा कि रज्जू भैया के भोजन का समय हो गया है। अब हम सब यहाँ से चलें। फिर सभी बाहर आ गये।

गोरखपुर में एक हिन्दू संगम के आयोजन में रज्जू भैया सरसंघचालक के रूप में आनेवाले थे, कार्यक्रम रेलवे स्टेडियम में था, और स्वयंसेवकों का पथ-संचलन दिग्विजयनाथ डिग्री कॉलेज से चला, उसमें मेरे पौत्र विनम्रसेन जो उस समय कक्षा पाँच के विद्यार्थी थे, वे भी पूर्णगणवेश में चल रहे थे। इतने छोटे बच्चे को देखकर जागरण के संवाददाता ने उससे पूछा कि कहाँ जा रहे हो! उत्तर दिया, सरसंघचालक के कार्यक्रम में। उसने कहा अटल बिहारी वाजपेयी सरसंघचालक हैं न, लड़के ने उत्तर दिया—आपको यह भी नहीं पता है कि अटल बिहारी वाजपेयी भारतीय जनता पार्टी के अध्यक्ष हैं, और सरसंघचालक रज्जू भैया हैं। जागरण ने इस प्रसंग को बाक्स न्यूज में छापा, पर उसमें स्वयंसेवक का नाम नहीं था। रज्जू भैया ने पता लगाया तो पता चला कि वह मेरा पौत्र है, और विनम्र उसका नाम है। यह घटना उन्हें बहुत वर्षों तक याद रही, और आजमगढ़ का कोई मिलता था, तो वे इस बाल स्वयंसेवक के बारे में पूछते थे। यह थी उनकी छोटे-छोटे स्वयंसेवकों के प्रति आत्मीयता की भावना।

रज्जू भैया किसी कार्यकर्त्ता की गलतियों को माफ करके जोड़ने में विश्वास करते थे, तोड़ने में नहीं। ऐसे बहुत-से प्रसंग मुझे मालूम हैं किन्तु

विस्तार–भय से उनका विवरण छोड़ रहा हूँ। अन्त में शरीर अशक्त होने के कारण उन्होंने सरसंघचालक का कार्य दूसरे हाथों में सौंप दिया। दिल्ली से पुणे चले गये। उन्होंने मुझे बताया था कि ऐसा वे इसलिए कर रहे हैं कि जिस कक्ष में थे, वह सरसंघचालक का कक्ष था, और नये सरसंघचालक के लिए उसे खाली कर दिया। ऐसे थे त्यागमूर्ति हमारे रज्जू भैया।

स्वतन्त्रता-संग्राम और पद्मनाथ सिंह

1857 और 1942 के दोनों स्वतन्त्रता-संग्रामों में आजमगढ़ जनपद की भूमिका महत्त्वपूर्ण रही है। 1857 में कुँवर सिंह ने आजमगढ़ में कम्पनी राज को खत्म करके महीनों स्वतन्त्रता का झण्डा फहराया, तो 1942 में जनपद के वीर सेनानियों ने मधुबन और तरवाँ के थानों पर आक्रमण करके इतिहास रचा और जिले भर में अनेक तोड़फोड़ और जलाने-फूँकने से अंग्रेज़ी सत्ता की चूलें हिला दीं। इन अमर सेनानियों की लम्बी सूची में एक महत्त्वपूर्ण नाम बाबू पद्मनाथ सिंह का है, जो 1932-33 में जब क्वीन्स कॉलेज वाराणसी में इण्टर की कक्षा के विद्यार्थी थे शासन विरोधी भाषण देने के कारण दो महीने की जेल की सजा पा चुके थे। श्री सिंह अन्य स्वतन्त्रता-संग्राम सेनानियों की तरह सीधे आक्रमण और तोड़-फोड़ की घटनाओं से अलग योजनाबद्ध तरीके से गुप्तरीति से देश-प्रेमियों के एक संगठन के सूत्रधार थे। एक अधिवक्ता के रूप में इनके घर में सेनानियों, विद्रोहियों और शासन के विरुद्ध हिंसक षड्यन्त्र रचनेवालों की शरणगाह थी। 'आजमगढ़ का स्वतन्त्रता-संग्राम' के पृष्ठ 547 पर फूलबदन सिंह ने लिखा है "श्री पद्मनाथ सिंह (परदहाँ) सन् 1942 की क्रान्ति में सक्रिय भाग लेकर सवा दो वर्ष तक जेल में रहनेवाले अमर स्वाधीनता सेनानी थे।" फूलबदन सिंह ने उनके आजमगढ़-निवास को क्रान्तिकारी सेनानियों का केन्द्र भी लिखा है।

अविभाजित आजमगढ़ जनपद में मऊ के निकट परदहाँ ग्राम में 25 अगस्त, 1913 को उनका जन्म हुआ था। पिता स्वर्गीय रामरहस्य सिंह और माता हरचाँदो देवी की वे एकमात्र सन्तान थे। इनके चचेरे भाई

रामस्वरूप सिंह घर-गृहस्थी का काम देखते थे। और गृहस्थी भी बड़ी लम्बी थी। मिट्टी का कच्चा मकान कोठे के साथ दो मंजिला और उसके सामने बीघों का इनका सहन था। बारह एकड़ का तो मय भीटा और बगीचे को लेकर एक पोखरा था। जमीन भी बहुत अधिक थी। इसलिए गाँव में जनमें पद्मनाथ सिंह की प्रारम्भिक शिक्षा मऊ में पूरी होने के बाद उन्हें 10वीं की पढ़ाई के लिए उदयप्रताप कॉलेज वाराणसी में भरती कराया गया। हाईस्कूल में उत्तीर्ण होने के बाद इण्टरमीडिएट की परीक्षा उन्होंने क्वीन्स कॉलेज वाराणसी से उत्तीर्ण की तथा काशी हिन्दू विश्वविद्यालय से 1931 में बी.ए. और 1934 में एल-एल.बी. की परीक्षा उत्तीर्ण की। बी.ए. के विद्यार्थी के रूप में आजमगढ़-फैजाबाद की सीमा पर स्थित तिहरा स्टेट की कुमारी चन्द्रावती भी इनकी सहपाठी थीं। वे स्व. जगदम्बा सिंह की बहन थीं। 1857 में तिहरा स्टेट के राजा पृथ्वीपाल सिंह कुँवरसिंह के उन दो-चार विश्वस्त बहादुर साथियों में थे जिनके सहयोग से बाबू कुँवरसिंह ने आजमगढ़ से अंग्रेज़ों को खदेड़ दिया था। अगर पद्मनाथ सिंह प्रकृत स्वभाव से बचपन से ही स्वाधीनताकर्मी थे, तो कुमारी चन्द्रावती में वीर स्वतन्त्रता सेनानियों का ओजस्वी रक्त संचरित था। इसी समता के सूत्र ने इन दोनों लोगों को एक दूसरे का घनिष्ठ मित्र बना दिया और दोनों ने तय किया कि भारत आजाद होने पर वे परस्पर एक-दूसरे के वैवाहिक सूत्र में बँधेंगे। पद्मनाथ सिंह के चचेरे भाई रामस्वरूप सिंह के भानजे मेरे पड़ोसी गाँव सोनापुर के रामचन्द्र सिंह मेरे सहपाठी भी थे। जूनियर हाई स्कूल ग्राम धरवारा से हम दोनों ने साथ-साथ पास किया था। आजमगढ़ में हाईस्कूल की पढ़ाई के लिए रामचन्द्र सिंह का दायित्व ठाकुर पद्मनाथ सिंह ने लिया और गयाराम रामशरण राम के पारिवारिक मकान के सामनेवाले दो मंजिले मकान में वे किरायेदार थे। वहीं रामचन्द्र के भी रहने और पढ़ने की व्यवस्था उन्होंने कर दी थी। हम लोग 1948 में आजमगढ़ में आये। तब भारत आजाद था और पद्मनाथ सिंह की बहुत अच्छी फौजदारी की वकालत भी चलती थी। पर कांग्रेस के सक्रिय नेता के नाते वह प्रायः बाहर ही रहते थे। उनकी कोठी में रामचन्द्र सिंह और भजन राम नौकर के सिवा तीसरा कोई

नहीं रहता था। मैं उस समय आराजीबाग के एक खपरैलवाले मकान में रहता था और खाने-पीने की अच्छी व्यवस्था भी थी। पर रामचन्द्र ने आग्रहपूर्वक मुझे वकील साहब की कोठी में ही रहने-पढ़ने के लिए मजबूर कर दिया। खाना तो मैं अपने निवास पर खाता था और शेष समय मेरा कोठी पर ही बीतता था। उस काल में पद्मनाथ सिंह की नियमित लिखी जानेवाली डायरियों को पढ़ने का मुझे मौका मिला। कभी फुरसत रहने पर वकील साहब से संघर्ष-काल के संस्मरण भी सुनने को मिलते थे। एक तरह से वे मेरे भी अभिभावक हो गये थे और बाद में 1952 के चुनाव में हमारे ही क्षेत्र से एम.एल.ए. निर्वाचित हो गये। इस कारण मैं बहुत निकट से उनके स्वभाव, निजी जीवन और कांग्रेस के नेता के रूप में अनेक कार्य-कलाप से परिचित था। वैसे तो पद्मनाथ सिंह छात्र-जीवन से ही स्वतन्त्रता-आन्दोलन के समर्थक और सहभागी थे, पर 1935 में आजमगढ़ के जिला न्यायालय में अधिवक्ता के रूप में कार्यरत होने पर उनकी गतिविधियाँ विशेष रूप से बढ़ गयी थीं, उस समय के कटरा में बड़ी संगत में सामने ही दो मंजिले मकान में एक वकील के नाते रहते थे। गाँधी जी की 'करो या मरो' की उद्घोषणा के बाद 9 अगस्त, 1942 को ही सब बड़े नेता गिरफ्तार हो गये और कुछ फरार हो गये। उस समय विद्यार्थियों की टोली ने आन्दोलन की कमान थाम ली थी और इनका नेतृत्व युवक नेता पद्मनाथ सिंह के हाथों में था। उस समय आन्दोलन ने तोड़-फोड़ और हिंसा का रूप ग्रहण कर चुका था। इसलिए सारा कार्य क्रान्तिकारियों की तरफ से गुप्तरीति से चलाया जा रहा था। सूट-टाई आदि के सुन्दर साहबोंवाले वेश में वे दिनभर वकालत करते थे और वहीं गुप्तरीति से फरार नेता और विद्यार्थियों का क्रान्ति दल वादकारी के रूप में इनसे मिलता और अपनी योजना के लिए परामर्श और निर्देश लेता था। किसी को यह भनक भी नहीं लग पाती थी कि यह युवक वकील भी आन्दोलन में गुप्तरीति से सम्मिलित होगा। उनका कटरेवाला घर तो क्रान्तिकारियों का अड्डा बन गया। कभी-कभी भोजन चार-पाँच आदमियों के लिए बनता पर खानेवाले दस-पन्द्रह हो जाते थे। दाल में पानी डालकर गर्म कर लिया और रोटियाँ कुछ और सेंक लीं, आधा-

तिहाई खाकर और पानी पीकर गुजर कर लिया। मैं भी इस प्रक्रिया में शामिल था। रसोइया कुछ तो इस भार से और बहुत डर से कार्य छोड़कर भाग गये। पर वे स्वयं कायर नहीं थे। वकील की वेश-भूषा में सज-धजकर कचहरी जाते और वहाँ दिनभर वकालत का काम करते आन्दोलनकारी और फरार भी कचहरी में उनसे मिलते और सलाह लेते। उनकी वकालत और साहबी वेश ने बहुत दिनों तक कवच का काम किया।

श्री सिंह कचहरी में फरारों से मिलते और कार्यक्रमों की योजना बनाते और घर में फरारों को शरण देते थे। वे किस प्रकार अपने जीवन को खतरे में डालकर इस योजना में काम करते थे उसका एक उदाहरण दिसम्बर, 1942 में मिला। एक गुप्तचर विभाग के अधिकारी ने उन्हें बताया कि घोसी तहसील के फादुल्लापुर गाँव में आज सारे फरार क्रान्तिकारी जुट रहे हैं। उन्हें गिरफ्तार करने के लिए पुलिस का एक बड़ा दस्ता और कई गाड़ियाँ गोपनीय ढंग से जा रही हैं। इस बात की सूचना देने के लिए उन्होंने माताभीख सिंह को भेजना चाहा पर उनकी हिम्मत नहीं हुई। तो स्वयं कचहरी से किसी खड़ी साइकिल को बिना बताये उठाकर 40-45 मील दूर फादुल्लापुर में एकत्र बन्धुओं को सूचित किया और जो तितर-बितर हो गये। पुनः वे लौटकर जब आये तो साइकिल जहाँ से उठाया था वहीं खड़ी कर दी और उसके स्वामी को वह मिल गयी।

अगस्त, 1943 में गुप्तरीति से पूजा-यात्रा के लिए स्वयंसेवक भर्ती किये जा रहे थे। क्योंकि गाँधी जी, कस्तूरबा जी एवं महादेव भाई देसाई पूना के आगा खाँ पैलेस में नजरबन्द थे। और उसी के विरोध में देशभर के लोगों को एकत्र करके प्रदर्शन करना था। इस काम में इस सूटेड-बूटेड वकील साहब को आजमगढ़ से बनारस और इलाहाबाद तक सूचनाओं के आदान-प्रदान का काम मिला था। बनारस में दशाश्वमेध घाट के पास एक निर्जन कोठी में घाट पर 'राणा हाउस' में फरारों का गुप्त अड्डा था। वहाँ बाबा राघवदास, चन्द्रशेखर, डॉ. स्वामीनाथ सिंह और बसावत सिंह (बिहार) जैसे लोग निश्चित तिथियों पर एकत्र होते

थे। वहाँ इनका आना-जाना बना रहता था। वहाँ से भूमिगत पत्र 'रण-भेरी' लाकर आजमगढ़ में बँटवाने का काम भी किया जाता था। इसी क्रम में अगस्त, 1943 के प्रारम्भ में ही इलाहाबाद में एक प्रतिज्ञा-पत्र पहुँचता था। लेकिन स्थान और व्यक्ति गुप्त रखा गया था। बनारस के क्रान्तिकारी कुबेरलाल अलग ट्रेन से इलाहाबाद जाते और उनका अनुसरण करते वे वहाँ पहुँचते। इसी क्रम में बनारस में देवता प्रसाद गहमरी ('आज' अखबार में कार्यरत) को सम्पर्क-सूत्र बनाया था। डॉ. सिंह प्रथमत: रात्रि में एक धर्मशाले में रुक गये और प्रतिज्ञा-पत्र गहमरी के यहाँ रख दिया। गहमरी ने उनका बड़ा स्वागत किया और चित्रा टॉकीज में सिनेमा दिखाने ले गये। सिनेमा में बॉक्स क्लास का टिकट खरीदकर उन्हें सिनेमा दिखाया। वस्तुत: गहमरी पुलिस के मुखबिर थे। सादी वर्दी में पुलिस के बड़े-बड़े अधिकारी भी उन्हें पहचानने के लिए बैठे थे। सबेरे उसी ट्रेन में उन अधिकारियों ने बड़े नाटकीय ढंग से उन्हें गिरफ्तार किया और 4 दिन के लिए सेण्ट्रल जेल में बन्द कर दिया।

वहाँ पहले से आजमगढ़ के उमाशंकर मिश्र और अलगूराय शास्त्री बन्द थे। शास्त्री जी तो प्राय: जेल के अस्पताल में रहते थे। वहाँ अस्पताल में जाकर वकील साहब उनसे मिलते रहते थे। दोनों लोगों का बहुत अच्छा सम्बन्ध था। हवालात में ही जब वे थे उनसे मिलने डॉ. शम्भुनाथ सिंह आये थे और उन्होंने ही बताया कि गहमरी तो पुलिस का मुखबिर है। उसी ने यह जाल बुना। उस समय डॉ. सिंह 'आज' के सम्पादकीय विभाग में काम करते थे और बाद में विद्यापीठ में आ गये और हिन्दी के प्रसिद्ध नवगीत के प्रवर्तक कवि के रूप में मशहूर हुए।

2 अगस्त, 1943 से गिरफ्तार होकर 1 अक्टूबर, 1945 तक वे बन्द रहे। दो वर्ष दो माह की इस अवधि के साथ दो महीने विद्यार्थी-काल की गिरफ्तारी जोड़कर वे सवा दो वर्ष तक जेल में रहे। इस बीच जेल के अन्तिम दिनों में उनके पिताजी उनसे जेल में मिलने आये और उन्हें इतना सदमा लगा कि वे मऊ स्टेशन पर उतरने के बाद सिग्नल के पास बेहोश होकर गिरे और अन्तत: संसार छोड़कर चले गये। पुत्र के जेल और पति की मृत्यु का सदमा माँ को भी लगा और वे भी स्वर्ग

सिधार गयी। इस प्रकार उनकी सारी गृहस्थी ही स्वतन्त्रता-संग्राम में होम हो गयी।

बनारस में वे जब भी आते थे, वे महाकवि श्यामनारायण पाण्डेय के निवास पर रुकते थे और पाण्डेय जी उनका बड़ा स्वागत-सत्कार करते थे। उन दिनों पाण्डेय जी बनारस के जयनारायण हाईस्कूल में अध्यापक थे। जेल के दौरान श्री सिंह ने खेलकूद और लेखन में समय व्यतीत किया और अपनी वाग्दत्ता पत्नी चन्द्रवती की प्रेरणा से 'साम्प्रदायिक समस्या' नामक एक महत्त्वपूर्ण पुस्तक लिखी, जो आगे चलकर प्रकाशित भी हुई। भारत में प्रथम सार्वजनिक निर्वाचन में वे उ.प्र. विधान सभा के सदस्य चुने गये और 1952 से 57 तक एम.एल.सी. रहे। पं. अलगू राय शास्त्री को परास्त करके वे कांग्रेस जिला अध्यक्ष चुने गये। डॉ. चन्द्रावती से 1958 में उनका विवाह हुआ, जो उस समय एम.टी. कॉलेज, इलाहाबाद में प्रवक्ता थीं और बाद में एन.सी.आर.टी. में कोआर्डिनेटर पद पर कार्य करते हुए सेवा निवृत्त हुई। 1959 में वे इलाहाबाद हाईकोर्ट में प्रैक्टिस करने लगे। वहीं सी.वाई. चिन्तामणि रोड पर एक सुन्दर-सा बँगला खरीदकर वकालत करते हुए वैवाहिक जीवन व्यतीत करने लगे। उनके एकमात्र पुत्र अमरेन्द्र नाथ सिंह इस समय वहीं रहते हैं। और इलाहाबाद हाईकोर्ट के वरिष्ठ अधिवक्ता हैं। अमरेन्द्र नाथ सिंह ने भी पिता के नाम को काफी रौशन किया है। वे उ.प्र. बार कौन्सिल के दो-दो बार अध्यक्ष रहे हैं। श्री पद्मनाथ सिंह ने यद्यपि सक्रिय राजनीति छोड़ दी थी, पर वे अन्तिम समय तक कांग्रेस से जुड़े रहे।

श्रीमती इन्दिरा गाँधी द्वारा आपातकाल लगाने से उनके लोकतान्त्रिक मन को बड़ी ठेस लगी थी। आपातकाल के बाद प्रदेश के मुख्यमन्त्री रामनरेश यादव जब एटा जिले की निधौली कला सीट से चुनाव लड़ रहे थे, तो पद्मनाथ सिंह और डॉ. शम्भुनाथ सिंह भी दर्शक के रूप में एक दिन वहाँ पहुँचे थे। मैं और ईशदत्त यादव भी जनता पार्टी के प्रचार अभियान में वहीं थे। श्री सिंह हम लोगों को एक रेस्ट्राँ में जलपान कराने ले गये। मैंने समझा कि वे हमारे प्रचार में आये हैं। अत: मैंने कहा कि आप जैसे प्रतिष्ठित व्यक्ति को तथा डॉ. शम्भुनाथ जैसे बड़े साहित्यकार

को इस प्रचार में नहीं रहना चाहिए। वकील साहब ने कहा कि रामनरेश मेरे वकालत के साथी हैं। मैं कांग्रेसी ही हूँ पर यहाँ लोक दृष्टि के अध्ययन हेतु हम लोग आये हैं, क्योंकि आपातकाल से हम लोग दु:खी हैं, इसलिए कि हम दोनों आजादी के लिए लड़कर उसे हासिल करनेवाले लोगों में हैं। यहाँ हम लोग उस आपातकाल की प्रतिक्रिया देखने आये हैं और आज ही वापस लौट जायेंगे। यही मेरी उनकी आखिरी मुलाकात थी।

वे मेरे अभिभावक और पूज्य थे। ऐसे प्रखर राष्ट्रवादी देशभक्त, स्वतन्त्रता के लिए सर्वस्व होम करनेवाले स्वातन्त्र्य सेनानी महान् योद्धा को श्रद्धाञ्जलि।

●●●